大展好書　好書大展
品嘗好書　冠群可期

大展好書　好書大展
品嘗好書　冠群可期

武學古籍新注②

太極功源流支派論

宋書銘◎著
二水居士◎校注

大展出版社有限公司

出版人語

武術作為中華民族文化的重要載體，集合了傳統文化中哲學、天文、地理、兵法、中醫、經絡、心理等學科精髓，它對人與自然和諧共生關係的獨到闡釋，它的技擊方法和養生理念，在中華浩如煙海的文化典籍中獨放異彩。

由於受以往「萬般皆下品，惟有讀書高」思想的影響，雖然武術源遠流長，但歷來卻為學術界的主流思想所輕視，縱觀從漢至清的「正史」，武學始終沒能「以武立身」進入其中並佔有一席之地。

在歷代官方文獻中，有關武術技藝和拳理的記載極少，即使是民間資料，清代以前也十分罕見，存留至今的大多是清代的手寫本或抄本，且由於保密或自珍心理的影響，許多武術文獻都屬「秘傳」，以致一般人甚至聞所未聞，更不用說深入研究了；亦有許多武學資料，散落湮沒在各類他種文獻中讓人難識真面。這在中國歷代文化的傳承史上，是一種比較特殊的現象。

有著幾千年傳承積澱的中華武術，能生存並發展到今天，是因其具有很深的中華傳統優秀文化的根脈。傳統武學尊崇的生存理念、修習的武術技能，一方面，從不同的角度和側面反映出中華民族的社會、歷史、政治、經濟、文化、宗教、風俗與心理等；另一方面，它融健身、搏擊、觀賞為一體，是人類文明流動的傳奇。因此，將武術作為文化形態來研究，一方面可使人們對武術自身重新認識，同時更重要的，是為我們從更高層面認識和理解中華傳統文化的精義，提示了若干全新的視角。

然而，我們注意到，那些歷經坎坷倖存到今日的武學資料，有許多被束之高閣難得一見，或正面臨著破損、佚失的窘境，對這些寶貴資料的發掘、研究、整理和保護已迫在眉睫；我們還注意到，至今出版界還沒有一個機構專門從事或介入此項工作。

據不完全統計，新中國成立以來的六十多年間，全國共整理出版古籍近兩萬種，基本沒有武術這個學科的分類，這個現狀應該有所改變。

隨著學術界對中華武學的日益重視，北京科學技術出版社順應國內外研究者對武學典籍的迫切需求，決策組建了「人文・武術圖書事業部」，旨在推進武術古籍的保護、整理和出版。

依據國家古籍整理出版的有關精神和規定，經過精心挑選並廣泛徵求專家的意見，決定將幾種早已進入武學研究者視野的古籍版本，透過原件影印、點校、注釋等方法加以整理，彙編為「武學古籍新注叢書」，陸續推薦給讀者。本套叢書力求做到傳統與現代並存，內容與形式統一，與以往的武術類出版物有較大的不同。

入選本叢書第一輯的武學典籍初步定為：李亦畬手抄《王宗岳太極拳論》、宋書銘《太極功源流支派論》、《太極法說》（班侯贈全佑本）。此外，《手戰之道》（收入明・沈一貫《搏者張松溪傳》、清・黃宗羲《王征南墓誌銘》、清・黃百家《王征南先生傳》、明・程宗猷《耕餘剩技》、明・俞大猷《劍經輯集》）、《拳經輯集》（收入明・戚繼光《紀效新書》、明・茅元儀輯《武備志》）、明・吳殳《手臂錄》等典籍亦將分輯陸續出版。

以上這幾種古籍，均成書於明、清時期。這個時期，是中國古代武術空前繁榮並且走向成熟的重要時期，主要表現為中國古代武術體系及其總範圍的基本形成與確立、武術流派的形成、武術套路的出現、武術理論的全面發展，等等。因此，這一時期的中國武術，就自然而然地具有了承上啟下的歷史使命：一方面，它是上古武術一脈流傳的集大成者；另一方面，它又是未來武術不容推諉的啟蒙者。

而這一時期優秀的武學著作，也就帶有了這一明顯的時代特徵，深入研究這幾部武學著作，對認識中國傳統武學理論體系有著重要意義，對傳統武術未來的發展走向，亦有一定的規範與指導作用。

本套叢書邀請了國內外著名專家進行點校、注釋和導讀，梳理過程中充分尊重大師原作，由知名專家以規範的要求對原文進行梳理，力求經得起廣大讀者的推敲和時間的考驗，讓讀者放心地學習與珍藏。

希望本套叢書的出版，能夠在武學研究領域起到一定的引領、推動作用，這也是我們北京科學技術出版社人文·武術圖書事業部全體同仁的衷心希望。

目錄

太極拳的文化自覺（代序）

凡是牽涉民族核心價值觀的文化現象，總會吸引這個民族的文化精英，一代接一代地探討下去。太極拳文化，從清中葉顯世以來，就一直吸引著文化巨匠們進行著跟蹤研究，留下了諸多光輝燦爛的研究成果。它們是近兩個世紀以來，一些最美好的心靈創造出來的，是我們這些當代人寶貴的精神食糧。作為中華民族的成員，我們手捧這些成果，接受這些遺產，感恩先輩傳承的文化財富，感到非常自豪。

一種嚴肅的、博大的文化現象，在其漫長的歷史過程中，都會經歷由「自在文化走向自覺文化，再走向文化自覺」這樣一個螺旋式的飛躍。當然，這個過程必須要經過一個相當長的理論時期。就像登山的路，如果截其一段，就很難斷定是向上還是向下。只有在一段較長的路徑視野範圍內，我們才能認清它的發展方向。而有了這個方向，今後的路徑就更加明朗、自覺、主動。

毛澤東在《實踐論》中講了一個非常好的哲學命題：感覺到了的東西，我們不能馬上理解它；只有理解了的東西，才能更深刻地感覺它。二水居士花大力氣對太極拳老拳譜的梳理和校釋，就是太極拳的文化自覺。

王宗岳的《太極拳論》，目前所知，是太極拳最早期的理論著作。就其價值而言，實際上已達到「經」的高度。人們理解、消化這一經典，需要相當長的歷史過程。早期，永年武氏三兄弟及其族人，圍繞《太極拳論》所做的著述，可以說是太極拳文化的「自在階段」。

《太極功源流支派論》，繁複雜蕪，多彩紛呈。太極拳文化一旦傳播到更大範圍內，人們便開始爭相把這一文化現象與道家文化相聯繫，與武術各流派相滲透，與民間仙道傳奇相撞擊，從語源學、民俗學、文字學等角度進行形而上、形而下的考證和對比，等於放在華夏文明的大釜裡，放上各種佐料，進行了一次次煎煮晾曬。儘管顏色多元，味道多種，雜蕪不純，但對這一文化成果的烹製，正是太極文化由自在走向自覺的過程。

以楊家老譜《三十二目》為標誌，太極拳文化進入了文化自覺的成熟期。《三十二目》從諸多方面，回答了有關中華民族核心價值觀的一系列重大問題。二水居士將其梳理為「關於核心價值觀——性命之學」「關於人格結構——精氣神」「關於能量的樞紐——命門三焦」「能量轉化的法則——陰陽顛倒」「流行之氣——身形法則」「對待之妙——知覺運動」這六個方面。

二水居士的這個歸納，是浩瀚的太極拳文獻之精華所在，值得反覆品味、消化。有了這六大經典問題的提示，我們才會知道，太極拳從一個農村家族的文化記憶，經過京城皇家文化的浸潤後，產生了怎樣質的飛躍；我們才能瞭解到，太極拳是在什麼樣的理論體系指導下，形成了今天這般氣魄大、形象美的整體風貌；我們才能深刻理解，太極拳受到世界各國人們歡迎的內在原因。

二〇一四年十月，武當山首屆楊式太極拳高峰論壇上，二水居士關於《三十二目》論文的宣講，引起與會代表的強烈反響和一致好評。二水居士的這一研究成果，是當代太極拳文化「自覺」的表現。

除了理論體系的探討之外，作者把太極拳文化的命運和民族的命運放到一起進行考察，揭示了二者息息相關的聯繫。

陳氏拳技被楊露禪從農村帶到京城，正是鴉片戰爭之時，《太極拳論》的發現，也是太平天國的戰火蔓延之時。《三十二目》成稿的一八六八—一八九二年間，中國內憂外患加劇，精神層面的「西學東漸」，帶來整個社會層面的文化侵襲。面對岌岌可危的局面，抱著復興儒學價值觀及禮制綱常偉大理想的人們，把「太極拳」這一武術形式，當做聖人之學，當做承載聖人之道的道器，當做承載華夏文明的火種盒，傳承發展了起來。

近三十年來，在經歷大國復興的同時，我們整個社會的價值體系，也遭到了西方社會思潮前所未有的重創。在民族復興的大旗下，重塑我們中華民族的價值體系，回歸傳統文化，顯得十分急迫和重要。在這一背景下，太極拳作為中華民族核心價值的載體，得到了空前的繁榮。

現代文明的生活方式，是一把雙刃劍，恩惠著人類，也傷害著人類。隨著經濟的繁榮，環境惡化，道德淪喪，無序競爭，人類面臨空前的危險和災難。這時，主張天人合一、以柔克剛、後發先至、相生不害、化對抗為和諧的太極拳，給人類帶來了評判是非、善惡、美醜的新標準，成為人們能感知到的意識形態中充滿正能量的價值觀。這正是當前人類所急需的。所以當今的太極拳，作為中華文明的一張名片，受到世界各民族久別重逢般的歡迎，這真是華夏文明的榮耀和驕傲。

二水居士在導讀中寫到，他「嚴格遵循朱子『讀書，須將心貼在書冊上，逐句逐字，各有著落』之訓，幾個月來，收拾心情，天天與書為伴，枕書而眠，心境專靜純一，然後將自己一顆向學之心，貼在老拳譜的每一字、每一詞、每一句中，跟先賢先聖做心與心的交流」，所以，校釋過程，其實是一次奇妙的學習過程。

整整三個多月裡，聆聽他們掏心掏肺的述說，彷彿徹頭徹尾接受了一次傳統文化的洗禮，簡直就是菩提灌頂。二水居士的研究方法、治學態度和奉獻精神，很值得贊許。他無私地為我們提供了一頓豐盛的文化大餐，我從心裡感激這位年輕的學者。

中國永年國際太極拳聯誼會創會秘書長
中華太極文化國際總部學術指導　翟金錄

導讀

一、概說

一百八十年前，永年人楊露禪（編者：「楊露禪」「楊祿禪」「楊福魁」三種叫法都曾存在，為同一人。現常用「楊露禪」），奔走於冀豫間，寒暑數易，間或一返，只為從陳家溝學得一套叫綿拳或叫炮捶的陳家拳。一八四〇年間，楊露禪返回老家，開始在永年城關傳授此拳，當地的士紳子弟紛紛向他拜師學藝。

其中永年望族武氏昆仲三人，特別喜好這門拳藝，於是三人都師從楊露禪學拳。

武家老二，叫武汝清，文才最好，一八四〇年就考上了進士，去刑部做了京官，因為參與審理了當時朝廷的一件打大老虎案，協助清軍將帥薩迎阿，鞫訊時任陝西總督琦善「剿青海番匪」案，以剛正清廉名滿京城，《清史稿》記此事，武汝清晚年被賞了二品的官銜。他在京城期間，念念不忘此拳，後來乾脆將師父楊露禪帶到了京城，留在身邊教拳。

武家老大叫武澄清，他比老二大了四歲，卻晚了整整十二年，於一八五二年才考上進士，初入仕途已經五十二周歲了，最後去舞陽做了縣令。一個偶然的機會，他在舞陽的鹽店裡發現了山右王宗岳的《太極拳論》。

山右，蓋指太行山以西，今山西境內。除此，王宗岳是誰，什麼年代人，生活境況如何，跟誰學了太極拳，他是不是有傳人等，所有資訊都不詳。所以至今，「王宗岳」依然是個謎。武澄清得到王宗岳太極拳論後，興奮異常，他跟兩位弟弟講，王宗岳的拳論，與楊露禪教的拳是一個道理，只要好好研讀拳論，寶貝全在裡面了。

老三武河清，沉溺於此拳，或許是無暇他顧吧，在功名上，他也一直考，最後依然只是一個秀才，於是乎，益發壹志於太極拳的研究。他便是日後被武式、郝式、孫式等太極拳界尊為開派立宗一代宗師的武禹襄。

歷史的奇妙之處就在於，武氏昆仲三人，與楊家的楊露禪之間一旦有了關聯性，便開始生發出奇妙的事情。陳家拳就像是從陳家溝販運來的一顆「馬鈴薯」，在王宗岳《太極拳論》這本奇妙的「菜譜」指導下，經過楊露禪與武氏昆仲合作烹製，被烘烤成了料多豐富的jacket potato了。從此，原本只是局限於鄉野村落逞一拳一腳之能的陳家拳，開始登臨大雅之堂；從此，這套拳，被冠名為「太極拳」，以太極拳名義「借殼上市」了。

其實，陳家溝的這顆「馬鈴薯」，在我們現在看來，還不算是陳家溝土生土長的，而是由一個叫「蔣把式」的人，將種子販運到了陳家溝。我們繼續研究，發現生長在陳家溝的這顆「馬鈴薯」，其實還經過了品種改良，而改良之人，名叫戚繼光。當年戚繼光在浙東沿海抗倭時，為訓練士兵，在「身法活便，手法便利，腳法輕固，進退得宜」「呂紅八下雖剛，未及綿張短打」「如常山蛇陣法：擊首則尾應，擊尾則首應，擊其身而首尾相應」等原則指導下，綜合了當時所見的數十種武術形式，「擇其拳之善者三十二勢，勢勢相承，遇敵制勝，變化無窮，微妙莫測」，編選了這套拳經。就是這樣一套經過戚繼光選編的「軍體操」，成了太極拳真正的前身。

後來，這顆馬鈴薯被楊露禪以「太極拳」之名，販運到了京城，備受滿清皇宮貴族、達官貴人的青睞；民國年間，又被尊為「國術」，在「強種強國」的召喚下，風靡大江南北。據不完全統計，而今全球有一億五千萬的太極拳愛好者。太極拳，儼然成了中華民族的一張文化名片。

作為非物質文化，太極拳的傳承，像是一檔叫做「拷貝不走樣」的遊戲：十幾人排好隊，一一被隔離開來，主持人拿一張「提示牌」給第一人看，讓他用形體動作來模仿提示牌的文字內容，譬如「吃麵」，第一人只能用肢體語言模仿吃麵的動作，傳達給下一人，然後第二人就只能靠眼睛觀察所看到的動作，心領神會後，再用自己的肢體語言，將意思傳達給下一人（雖然一傳二傳之後，拷貝往往會走樣，甚至面目全非）。在太極拳這場傳承遊戲裡的「提示牌」，無疑便是《太極拳論》。

這張「提示牌」，歷來被視作武林秘笈，「有者甚屬寥寥」「自宜重而珍之，切勿輕以予人」「後世萬不可輕泄傳人」「匪人更不待言矣」「如其可以傳，再口授之秘訣」。

這些稀而彌珍的拳譜，幾經顯微闡幽，彰往察來，傳承者參會自己的體悟，在修煉拳藝的同時，也發展著太極拳理論。自從一八五四年武澄清在舞陽鹽店發現王宗岳《太極拳論》以來，在短短的四五十年間，太極拳理論大體經歷了以下幾個階段。

第一階段為太極拳理論的初創期。這一時期的文論內容，主要圍繞著舞陽某鹽店獲得的王宗岳《太極拳論》相關文字，會參了武禹襄等諸家講論，以兩條脈絡流傳於世：

其一是武禹襄將所得王宗岳拳論，加以釋解後，贈貽楊家，楊家幾代拳學者在此基礎上加以竄益，附錄於楊、吳兩家公開出版的諸家太極拳論著中；

其二是李亦畬得諸武禹襄贈貽的拳譜後，附以「小序及五字訣」等拳學心得，手抄三本，其一贈予其弟李啟軒，其二贈予弟子郝和，其三自存，俗稱「老三本」。其中李啟軒藏本，曾被重編次序後，夾雜他家講論付梓刊行。

此次校釋，則以郝和珍藏本為底本，參校啟軒藏本，並附錄楊健侯贈貽田兆麟的《太極拳譜》為底本，參校徐哲東校核的龔潤田抄本《太極拳譜》，同時參校陳微明、許禹生、武滙川等諸位楊氏拳學者轉輾傳抄的拳譜，以展現這一時期兩脈太極拳譜的風貌。

第二階段為太極拳理論的繁榮時期。這一時期是以《太極功源流支派論》為代表，俗稱「宋氏家傳本」。此階段拳譜，將李亦畬「老三本」中「不知始自何人」的太極拳，一下子與許宣平、李道子、韓拱月、程靈洗、張三豐、仲殊等眾多佛道仙尊發生了關聯。這一時期的拳譜，於拳史源流而論，紛繁蕪雜，或荒誕不經，但卻別具魅力，就像是黃山的雲海，變化萬千，神秘莫測。

看過武俠小說《神雕俠侶》的人一定知道，瀟湘子和尹克西從少林寺藏經閣中盜得一部《九陽真經》，被覺遠大師直追到華山之巔，眼看無法脫身，剛好身邊有隻蒼猿，兩人便割開蒼猿肚腹，將經書藏在其中。《倚天屠龍記》裡覺遠大師臨死前誦念這本經書，張三豐、郭襄和無禪大師聽了後，各自默記了一部分，從此奠定了少林、峨眉、武當三派的內功基礎。

《太極功源流支派論》，正如小說中的《九陽真經》，對後世太極拳研究的影響很大。這一時期的拳譜，多選編在許禹生、李先五、王新午等幾家論著中，較為完整的拳譜，始見於吳圖南的「清初本」、梅墨生抄本以及范愚園抄本。諸本之中，以范愚園本內容最為完善。

此次校釋，選取范愚園抄本為底本，同時參校吳圖南的「清初本」、梅墨生抄本及李先五本、王新午等本，並附錄馬振華家藏《拳譜》、金庸筆下《九陽真經》相關內容以及所涉佛道仙尊、名號得能稽考者之古籍文獻，探揭其神秘面紗，以期呈現此拳譜獨特之魅力。

第三階段是太極拳理論的巔峰階段。這一時期是以楊家傳抄的太極拳老拳譜（三十二目）為代表，俗稱「三十二目」，此譜部分內容陸續見諸楊澄甫、董英傑、陳炎林、田兆麟、顧留馨、沈壽等相關太極拳圖集中。而以影印本形式全本面世的只有吳公藻藏《太極法說》及楊振基藏「楊澄甫家傳的古典手抄太極拳老拳譜」（簡稱「家藏本」）。

此拳譜，具備自身獨特的拳學理念，且具系統的理論層次，文論內在邏輯嚴密，將太極拳理論從原本的逞一拳一腳之能，昇華為「自天子至於庶人，壹是皆以修身為本」「盡性立命，窮神達化」的性命之學。

此次校釋的《太極法說》，選取楊班侯贈貽全佑的《太極法說》為底本，參校「家藏本」，著重梳理從「老三本」「宋氏家傳本」到「三十二目」拳學術語的演進，梳理拳譜所涉理學思潮的演變，梳理傳統文化對於生命體「人」

的認識等，試圖解構內蘊於此譜中系統完備的拳學體系。

校釋以上三階段的太極拳經典老拳譜，嚴格遵循朱熹「讀書須將心貼在書冊上，逐句逐字，各有著落」之訓，幾個月來，收拾心情，天天與書為伴，枕書而眠，心境專靜純一，然後將自己一顆向學之心，貼在老拳譜的每一字、每一詞、每一句中，跟先賢先聖作心與心的交流。且這三階段的老拳譜，各個風格獨具，讀時就如面對三位性情迥異的智慧老人。

第一階段的拳譜，像是一位鄉紳學究，溫恭直諒，信守「知之為知之，不知為不知」的聖訓，不言怪力亂神，其言談舉止，一一皆合乎規矩方圓；而第二階段的老拳譜，則像率直任誕、清俊通脫、出入於儒道之間的智者，言辭雖多怪誕不經，卻又不時閃爍睿哲玄鑒；第三階段的拳譜，則是一位鴻儒博生，學貫中西，融會古今，旁通三教。

所以，校釋過程，其實是一次奇妙的學習過程，整整三個多月裡，聆聽他們掏心掏肺的述說，彷彿徹頭徹尾接受了一次傳統文化的洗禮，簡直就是菩提灌頂。為此，二水願意分別在「武學古籍新注」叢書（第一輯）所收的李亦畬手抄《王宗岳太極拳論》（郝和珍藏）、宋書銘《太極功源流支派論》《太極法說》（班侯贈全佑本）等武學典籍校釋中，從不同側重，將這三位智者介紹給大家。

二、試探《太極功源流支派論》的神秘面紗

《太極功源流支派論》不同尋常的文字，引起筆者探究該文奇特背景及之後隱藏秘密的濃厚興趣。以下即筆者試探之所得，願與讀者諸君共享。

《太極功源流支派論》相關的拳譜內容，最早刊佈於民國十年（一九二一年）北京體育研究社出版發行的許靇厚著《太極拳圖勢解》上篇第五章之「太極拳之源流」。

許靇厚，字禹生，師從楊健侯學習太極拳。其書從伏羲畫卦闡明陰陽著

手，先後梳理了陰康作大舞，黃帝作內經，採按摩導引，華佗本莊子之吐故納新，熊經鳥伸，作五禽經，開姿勢運動之先河，將太極拳源流上溯到唐許宣平。並一一論及韓拱月、李道子、胡境子、程靈洗、程珌、俞清慧、俞一誠、仲殊、張三豐、殷利亨、張松溪、張翠山、莫谷聲、俞蓮舟、俞岱岩、宋遠橋等。許禹生一方面稱「海鹽張松溪」，另一方面從《寧波府誌》摘錄「鄞人張松溪」的相關傳承資料，將太極拳與張松溪一脈的葉繼美、王征南、黃百家、甘鳳池等所習練的內家拳扯上了關係。

民國二十二年（一九三三年），劉彩臣弟子李先五著《太極拳》（下文簡稱「李先五本」），亦照搬《太極功源流支派論》的說辭，收羅張松溪後南派諸傳人葉近泉、周雲山、陳貞石、孫繼槎、吳昆山、單思南、僧耳、僧尾等近二十人名目。

出版於民國三十一年（一九四二年）王新午的《太極拳法闡宗》一書（下文簡稱「王新午本」），稱抄得其師許禹生手中的《太極功源流支派論》。另對宋書銘太極拳藝及其為人的描述，可謂備極精詳：

民國初年，袁氏當國，有遺老宋書銘參其幕。自言為宋遠橋十七世孫。善太極拳。時年七十餘。其拳式名三世七。拳式名稱與時流行於京師之太極拳名目大同小異，推手法亦相同。然趨重單式練法。其時，紀子修、吳鑒泉、許禹生、劉恩綬、劉彩臣、姜殿臣等正宣導太極拳於京師，聞宋氏名，相與訪謁。與宋推手，皆隨其所指而跌，奔騰其腕下，莫能自持。其最妙者，宋氏一舉手，輒順其腕與肩，擲至後方尋丈以外。

宋所傳拳譜，名《宋氏家傳太極功源流支派考》，為宋遠橋所手記。於民國初年始宣於世，前輩多抄存者。宋氏在清季為詞林鉅子，所著內功原道明理諸篇，已播於世，允為傑作。惜其晚年困瘁家居，抱道自娛。遺稿盈屋。許公禹生數敦其出，皆不起，繼以重金求其稿，亦不許。盡承其口傳心授一鱗半爪耳。旋居保定作古，其遺稿不知流落何所，徒令人嚮往而已。

此譜初宣之於世，就有人提出了疑問，稱宋譜通篇分作敘事和拳理原道兩個部分，其中敘事的文詞風格較統一，似出自一人之手，且文詞粗略，風格似不近古人云云。拳理原道中「十三勢名目並論說」「十三勢行功心法」「十三勢歌」「打手歌」等，無論是文字內容及傳抄的錯訛方式，都與武禹襄抄贈楊露禪、楊班侯後，傳抄於楊氏諸傳人間的拳論相同。

徐哲東先生對此不屑一辯，云：「自頃以來，太極拳大行於南北，述其史實者，頗多異說，尤以原於張三峰（歷史上關於「張三峯」「張三峰」「張三豐」的稱呼、其究竟係何朝代人、籍貫何處，都莫衷一是。現常用「張三豐」）之說為盛。復有謂出於六朝時之韓拱月，唐之許宣平、李道之，及明之殷利亨者。出於韓許李殷之說，羌無故實，其為偽託，不待深辯」「夫向之穿鑿附會，杜撰太極拳歷史者，固不足以言考證」。

顧留馨先生則對此譜所述功法多有發難：考宋書銘所練太極拳，實以楊式為基礎，改成三十七個單練的勢，任意錯綜連貫，確為「頗有所發明」，託名傳自唐許宣平，傳之宋遠橋，以自神其術。所傳抄拳譜，絕不類唐人文詞云云。

從王新午的描述可知，宋書銘的三世七，拳式名稱與時流行於京師的太極拳名目大同小異，推手法亦相同，只是側重單練。而稍稍瞭解楊式太極拳傳承史的人就知道，楊家門內授拳，一直是以單練入手的，門外則以套路為主。

楊健侯傳田兆麟的楊氏太極拳老譜之「八五十三勢長拳解」云：「自己用功，一勢一式，用成之後，合之為長拳。滔滔不斷，週而復始，所以名為長拳也。萬不得有一定之架子，恐日久入於油滑也，又恐入於硬拳也，絕不可失其綿軟。」此節文字簡明扼要，且至為清晰地解釋了十三勢與長拳的關係，古人編著拳架套路，實屬萬不得已，其用心何其良苦矣。由此可見，顧留馨先生斷言宋氏太極拳功「實以楊式為基礎」，不無道理。至此，《太極功源流支派論》相關內容，出自宋書銘，幾成定論。

二〇〇三年，二水在杭州打理律師事務所，其間結識李派太極拳的馬振華先生，在其杭州近郊留下的寓所，抄得他家藏的拳譜（下文簡稱「馬振華藏本」），內有李派拳技各色拳譜及「俞蓮舟得授全體秘訣論」「宋氏家傳太極功源流支派論」「四性歸原歌」等，篇末尚有「武當嫡傳武清派太極清豐劍原序」，記為「武清李瑞東謹誌　光緒十八年巧月望日」。而「宋氏家傳太極功源流支派論」一文，敘述宋遠橋所緒記的太極功源流時，談到許宣平云：「許先師係江南徽州府歙縣人，隱城陽山，即本府城南紫陽。結簷南陽，辟穀」，「本府」兩字，讓我聯想緒記此譜的作者「宋遠橋」，或者傳抄過程中的某位拳學者，應該是徽州人氏。篇末「武當嫡傳武清派太極清豐劍原序」後的「光緒十八年巧月望日」，即一八九二年農曆七月十五。

馬振華（一九四〇—），字品三，武清人，其祖父馬玉（一八六二—一九四九年），精六合、少林、八極等派拳法，曾受聘為曹琨家之護院，與李瑞東（一八五一—一九一七年）友善，學得李派諸武技。其父馬德錄（一九〇六—一九九五年）幼承家學，該拳譜即係馬德錄所抄錄。

倘若此本拳譜所有文字，只是原原本本複錄自李瑞東先生拳譜，沒有從其他傳本竄入的話，那麼，《太極功源流支派論》相關內容應該在一八九二年農曆七月十五之前，就在京城各派中有所傳抄了。

二〇〇四年八月，商務印書館（香港）有限公司出版發行馬有清編著的《太極拳之研究。吳圖南太極功》一書，書內列「世傳《太極功》古譜」章節，內有吳圖南一九八三年十一月十五日所記的「吳圖南珍藏古譜《太極功》本末說明」一文，稱此譜為光緒末年，係由其友張熙銘所贈，後分抄給許禹生、吳鑒泉、楊少侯、劉彩臣、劉恩壽、紀子修六人。此本由中國書店老技師劉某「精心為之修復，還其本原，經鑒定該書為清初抄本」云云（下文簡稱吳圖南「清初本」）。

此論一出，不但顛覆了一八五二年由武澄清、武禹襄昆仲首先發現太極拳理論的定論，而且還為「羌無故實，其為偽託，不待深辯」的此拳譜帶來了進一步深究、深辯的契機。

二〇〇五年六月，二水撰寫《〈宋氏家傳太極功源流支派論〉清初手抄本辯偽》一文，從「此譜文詞不符合「明時人」宋遠橋的習慣」「此譜文詞不符合清初人的習慣」「從此譜中出現的一些簡體字分析，斷非清初手抄本」等來分析吳圖南所稱的清初本，非清初手抄本。

二〇〇八年八月，二水撰寫《解開吳圖南「高壽」之謎》一文，用「民國十七年十月中央國術館國考證書」及「民國武術期刊《體育》一九三四年第二卷第一期」兩份證據中吳圖南的年齡，來斷定吳圖南應該是一九〇二年生人，而不是吳圖南自述「一八八五年農曆正月廿三日生」。馬有清注釋「光緒末年」係一九〇八年，時年，吳圖南才六歲。六歲的孩童，互贈各類玩具，合乎情理，而贈以《太極功》之類的所謂「清初本」，也不符合常理。但該本文字內容，較之前所見的諸本都詳盡，極具研討價值。

二〇〇八年八月，范愚園先生贈予其手抄《太極功源流支派論》（下文簡稱「此本」）。范俊方（一九三二—），號愚園，奉化人。愚園先生是二水的鄉賢，其岳丈談士琦先生，係徐哲東、郝少如兩先生的弟子，搜訪太極拳資料頗豐。該拳譜內容是二十世紀六〇年代愚園先生用蘸水鋼筆抄錄自其岳丈談士琦先生之收藏。愚園先生知二水喜好老拳譜的正謬考據，遂以毛筆謄抄後贈予。而談士琦先生的抄錄本，歷經「文化大革命」，後隨談士琦先生駕鶴西去而不復得見，其據以抄錄的母本更無從考究。

但從此本文辭內容而言，其敘述李白慕求許宣平詩事，詳且備焉，較各本皆詳盡，此本文辭亦樸質，因此，對於研討拳譜的演進有較高的史料價值。

二〇一〇年十一月，當代中國出版社出版發行梅墨生先生編《李經梧太極內功及所藏秘譜》一書，書末附錄《太極拳秘宗》，梅墨生先生稱，其本係二〇〇三年的毛筆小楷抄本（下文簡稱「梅墨生抄本」），源自一九八九年鋼筆抄錄自其師李經梧藏《太極拳秘宗》。而李經梧藏《太極拳秘宗》稱係手抄線裝舊本，由趙鐵庵於一九四五年秋贈貽李經梧。其本尾頁原跋云：「民國癸酉重陽前七日，鐵廠兄授以拳術並屬（「屬」為「囑」之古字）抄此譜，遂不敢計字之工拙，敬錄以呈，後學弟金宇宗繕本」。梅墨生先生稱，李經梧藏《太極拳秘宗》今已下落不明。

梅墨生先生二〇〇三年抄本，內容分作三部分，其一在「太極拳總綱目」下，係「宋氏家傳太極功源流支派論」至「四性歸原歌」等十四則文辭。其二在「目錄」之下，係三十二目拳譜。金宇宗跋文後，另錄吳式太極拳十三刀譜、太極劍譜，後有梅墨生先生跋文曰：「此抄本乃師命抄錄於八十年代中後期，今又以毛筆重抄之，光陰忽忽已逝十數載，師已仙逝逾六載，且此際疫癘之氣遍行，陸續抄於京秦兩地也。癸未春暮　覺公並記之」。

梅墨生抄本，字跡清麗，風骨聳秀，神宇清邁，其「宋氏家傳太極功源流支派論」節，敘述許宣平事，也與馬振華藏本相近，皆有「即本府城南紫陽山」句。梅墨生先生由此斷論宋書銘的遠祖宋遠橋，即係明嘉靖年間安徽人氏，亦可成一家說。

另外，值得慶幸的是，此次校釋初稿殺青之時，二水赴北京，於陳耀庭先生天通苑寓所得窺他收藏的民初抄本《太極拳法》。陳耀庭，一九三七年出生於杭州，北京化工大學教授，我國知名材料科學家，享受國務院特殊津貼。二十世紀五〇年代初從牛春明學習太極拳，六〇年代到北京後，從劉晚蒼習練太極拳及推手十數年，後又從高占奎、朱懷元學習汪永泉傳楊式老架。曾受到老一代大師吳圖南、楊禹廷、王培生、孫劍雲、郝少如等的指教，現任北京汪永泉太極拳研究會名譽會長。

六〇年代初期，他從北京書攤上購得此書，實乃《宋氏家傳太極功源流支派論緒記》之殘本，此本以十行宣紙直行抄本，書口淺線小黑口，上署「太極拳法」，下署頁碼。殘本第一頁即為「宋氏家傳太極功源流支派論緒記　宋遠橋著」，而頁碼卻標注為「四」；殘本最後一頁，即「程元滌小九天法式」，頁碼標注為「十四」。從殘本第一頁標注的頁碼「四」來猜度，前面尚缺三頁，或係包括「宋氏家傳太極功源流支派論序記」之外，其他「太極拳法」抄本的目錄。因此頁碼標注「十四」之後的「太極拳法」內容，也無從探知。所幸殘存二十二頁，工楷抄寫，字跡秀逸，包含了「宋氏家傳太極功源流支派論序記」至「小九天法式」的大部分內容。而且文本氣息古樸，敘述許宣平事，也與馬振華藏本、梅墨生抄本相近，皆有「即本府城南紫陽山」句。

尤為可貴的是，吳圖南「清初本」出現的一些簡體字，此本皆為繁體。而見諸馬振華藏本《打手歌》所竄益的「被打欲跌須雀躍，擠住難逃用蛇形。拔背含胸合太極，裹襠護臀踮五行。學者悟澈玄中意，一身妙法豁然能」以及「又曰」：「彼不動，己不動。彼微動，己先動。似鬆非鬆，將展未展，勁斷意不斷」，原本只是在董英傑編著的《太極拳釋義》之《打手歌》中有類似的竄益，而此則《打手歌》後，分別以兩則「又曰」，得以印證此歌訣的傳抄演進歷程：「又曰：被打欲跌須巧擠，雀躍逃時要合身。拔背含胸合太極，裹襠護臀踮五行。學者悟透其中意，一身妙法豁然能。又曰：彼不動，己不動。彼微動，己先動。似鬆非鬆，將展未展，勁斷意不斷，動轉挪移走」。這則歌訣無意之中，將馬振華藏本與董英傑《太極拳釋義》拉近了關係，事實上也讓我們研討此階段拳譜與楊家北京授拳時期所傳抄的拳譜的關聯性，提供了切入點。

另外，「陳耀庭藏本」雖然殘缺，卻為我們研討梅墨生抄李經梧藏《太極拳秘宗》的合訂本，以及沈壽所稱《楊氏太極拳老拳譜》《王宗岳太極拳譜》《宋書銘傳抄太極拳譜》三本合訂的「萬本」，提供了可供猜想的契機，我們期待有更為完整、更為古樸的善本出現。

此階段拳譜，雖然在成稿時間上多有紛爭，無論是敘事或拳理原道，亦多穿鑿附會，源流支派、仙道之流更多離譜處。即便如此，許宣平、李道子、韓拱月、程靈洗、張三豐、夫子李、仲殊等名字，就像是雲海之於黃山，讓太極拳界彌漫著一層姿態萬千、詭異莫測的神秘氣息。

此譜敘事超乎理性，缺失嚴密的邏輯，近乎小說家言，但拳譜中的宋遠橋、俞蓮舟、俞岱岩、張松溪、張翠山、殷利亨、莫谷聲等，除了殷利亨、莫谷聲在《倚天屠龍記》再版時，被改作了殷梨亭、莫聲谷外，其他人物都一一被金庸演繹為武當七俠，在每一位武俠迷心中存活了下來。此譜也被金庸演繹成《九陽真經》，成為武林至尊的秘笈寶典，也考量著每一顆闖蕩江湖的心，多少江湖中人，夢寐以求，且為之赴湯蹈火。

任何事物的初創、發展、繁榮到鼎盛，都會有內在的規律性。太極拳理論的初創、發展、繁榮到鼎盛，也一樣遵循這樣一種規律性。徐哲東先生以為「此譜係在自頃以來，太極拳大行於南北」之後，「亂象縱生」下的產物，二水以為頗合情理。

從一八五二年武禹襄昆仲在舞陽發現王宗岳《太極拳論》開始，到抄贈楊家，乃至李亦畬抄本的成稿，此為太極拳理論的初創期。該時期的拳譜，以李亦畬手抄「老三本」為代表，其《太極拳小序》起句「太極拳不知始自何人」，嚴格遵循了「子不語怪力亂神」的聖訓。拳理原道也一依儒家作派，以修身養性自任，將太極拳定位成儒學者自我人格完善的一門大學問：「氣以直養而無害，勁以曲蓄而有餘。漸至物來順應，是亦知止能得矣。」而《太極法說》所代表的楊氏太極拳老拳譜（三十二目），則是鼎盛時期的太極拳理論，為我們凡夫俗子指明了一條人人皆能希賢希聖，人人皆能曰睿曰智，進而盡性立命，階及神明之路。

二水曾撰《從「體育」一詞說起》一文，考證此譜成稿時間應該在一八六八年到一八九二年這二十餘年間。此譜雖托偽張三豐之論，實則採信了「來瞿唐先生圓圖」所附之釋義「流行者氣，主宰者理，對待者數」，從理、氣、數角度，來闡述天道人事，之後，直接將話題指向了中國傳統儒學家的性命之學。又結合戴東原的「知覺運動」學說，透過拳架、推手的訓練，體悟陰陽之氣的流行與對待，進而將對事物的認識能力，不斷由「精爽」提高到「神明」境界。「精爽」的過程，先自知，後知人，先覺動，後知運，尺寸分毫，由尺及寸，由寸及分及毫，允文允武，允聖允神。當階入「聰明睿聖」時，「心之精爽，有思則通……精爽有蔽隔而不能通之時，及其無蔽隔，無弗通，乃以神明稱之」。

而《太極功源流支派論》，儘管「述其史實者，頗多異說」「韓許李殷之說，羌無故實，其為偽託，不待深辯」「夫向之穿鑿附會，杜撰太極拳歷史者，固不足以言考證」，從此譜「十三勢名目並論說」「十三勢行功心法」「十三勢歌」「打手歌」等文字內容來看，也無不烙有武禹襄贈貽楊家拳譜的印跡。但其原道講論，道學氣息十分明顯。無論是李白追慕的許宣平，還是蘇東坡心儀的安州老人仲殊，或是大明數朝皇帝詔之不得的張三豐，抑或「不火食，第啖麥麩數合」的夫子李……「應物自然」「盡性立命」「四性歸原」等所透析的性命之學，都與《太極法說》所代表的楊氏太極拳老拳譜（三十二目）中的「神化性命功」「性命之功，聖神之境」「盡性立命，窮神達化」的理念一脈相承。

伏羲、孟子、姜子牙、許宣平、張三豐等聖賢仙尊，在兩本拳譜中也有內在的契合處。尤其從《太極法說》「張三豐承留」之「字著宣平許」句，可證《太極功源流支派論》中有關許宣平與太極拳的關聯性論點，在一八六八年到一八九二年間楊氏太極拳老拳譜（三十二目）成稿時期，業已在楊氏北京授拳圈內盛行了。

所以，將《太極功源流支派論》愚園先生抄本為底本，重新將陳耀庭藏本作為重要的參閱文本拳譜影印加以點校，結合馬振華藏本，再與吳圖南本、梅墨生抄本等相互參校，從而整理出此譜的大體面目來，並且將此譜所涉眾仙尊之聊可深究的名號，稽考典籍，加以研討，可資談助，倘與「老三本」「三十二目」相互比較研究，亦不失為中間的「過渡階段」文本之典型，極具文獻價值。僅僅以拳譜附會了數位仙尊，或數位名號無從稽考，「羌無故實，其為偽託」，而對其原道講論也一併棄之，「不待深辯」，二水以為不是一種嚴謹對待傳統文化的態度。

敘例

一、《太極功源流支派論》的校箋，以范愚園先生抄贈的掃描本為底本，重新將陳耀庭藏本作為重要的參閱文本，拳譜影印加以點校，再參校馬有清《太極拳之研究·吳圖南太極功》書中「世傳《太極功》古譜」裡所列的吳圖南「清初本」、馬振華藏本、梅墨生《李經梧太極內功及所藏秘譜》書末附錄《太極拳秘宗》裡的「梅墨生抄本」，以及分別刊行於民國二十二年李先五著《太極拳》、民國三十一年王新午著《太極拳法闡宗》中的「李先五本」「王新午本」。為便於閱讀，以通行的正體漢字豎排刊行。

二、附錄一，全文刊載二〇〇三年筆者從馬振華先生家藏的《拳譜》中抄錄的拳譜，拳譜編序、行文訛脫衍倒，一依其原貌。

三、附錄二，摘錄自金庸《神雕俠侶》《倚天屠龍記》相關章節中文字，以期呈現金庸筆下《九陽真經》的真容。

四、附錄三，將此譜所涉佛道仙尊，名號得能稽考者，諸如許宣平、夫子李（古代文獻中關於「夫子李」「麩子李」是否同一人，其所處朝代究竟是唐還是明，都莫衷一是。後同，不另注）、張松溪、張三豐、程靈洗、仲殊等，從古籍中采摭其精，以增其華。

五、附錄四，全本影印「陳耀庭藏本」的殘本，使讀者得窺此拳譜古樸之風貌與氣息。

六、諸本拳譜傳抄過程的訛脫衍倒、魯魚亥豖，一依其舊，在注釋中得以勘正。拳架名目中的訛誤，在其傳承中有別番釋義者，也各依其舊，在校箋中加以注明。

七、由於文字的簡化，當今讀者習以為常的簡體字，或在簡體盛行前，另有其意者，譬如「雙」「體」「游」「于」等等，在校箋中加以說明。

八、此次點校，重在梳理一些太極拳史論中涉及的仙尊名流，諸如許宣平、夫子李、張松溪、張三豐、程靈洗、仲殊等，將其從古籍中採摭出來，並以文化現象研究的視角，一探其神秘面紗，以期客觀呈現各自的魅力。

太極功源流支派論

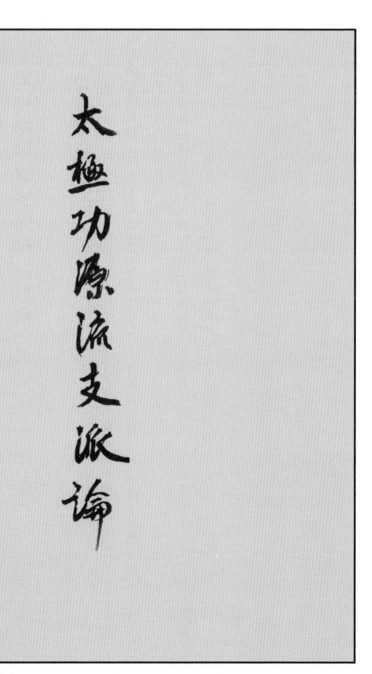

太極功源流支派論（封面）①

【注釋】

①封面：此本封面為「太極功源流支派論」。陳耀庭藏本封面殘缺，殘本第一頁即為「宋氏家傳太極功源流支派論緒記 宋遠橋著」，而頁碼卻標注為「四」，照此推測，除了封面殘缺之外，前頁尚殘缺三頁。

吳圖南藏「清初本」封面題作「太極功」；梅墨生本題「太極拳秘宗」；馬振華藏本題「拳譜」，其他數本皆散落於太極拳論著中，無獨立的題簽。

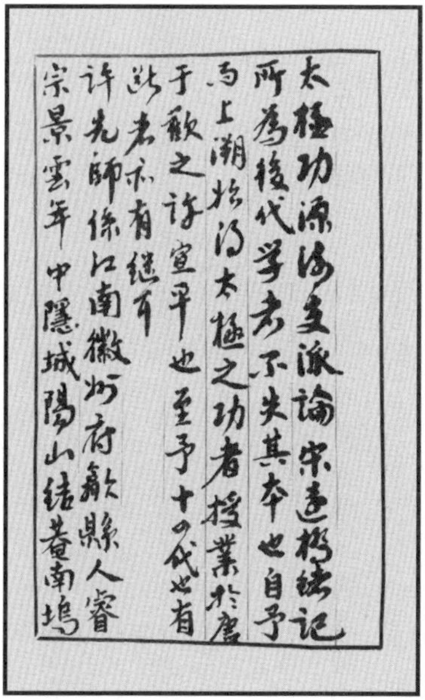
太極功源流支派論 宋遠橋緒記
所為後代學者不失其本也自予
而上溯於得太極之功者授業於唐
于歡之許宣平也至予十四代也有
斷者亦有繼耳
許先師係江南徽州府歙縣人睿
宗景雲年中隱城陽山結菴南塢

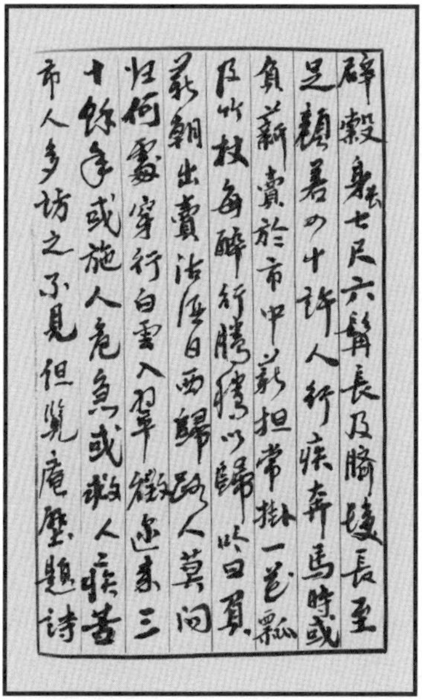
辟穀身長七尺六寸髯長及臍髮長至
足顏若四十許人行疾奔馬時或
負薪賣於市中薪担常掛一花瓢
及竹杖每醉行騰穆以歸吟曰負
薪朝出賣沽酒日西歸路人莫問
歸何處穿行白雲入翠微還來三
十餘年或施人危急或救人疾苦
市人多訪之不見但覽庵壁題詩

太極功源流支派論

宋遠橋緒記①

所爲②後代學者不失其本③也。自予④而上溯，始得太極之功者，授業⑤於唐于歡之⑥許宣平⑦也，至予十四代也⑧。有斷者，亦有繼耳⑨。

【注釋】

①太極功源流支派論 宋遠橋緒記：陳耀庭藏本作「宋氏家傳太極功源流支派論序記 宋遠橋著」；吳圖南「清初本」、梅墨生抄本、馬振華藏本皆作「宋氏家傳太

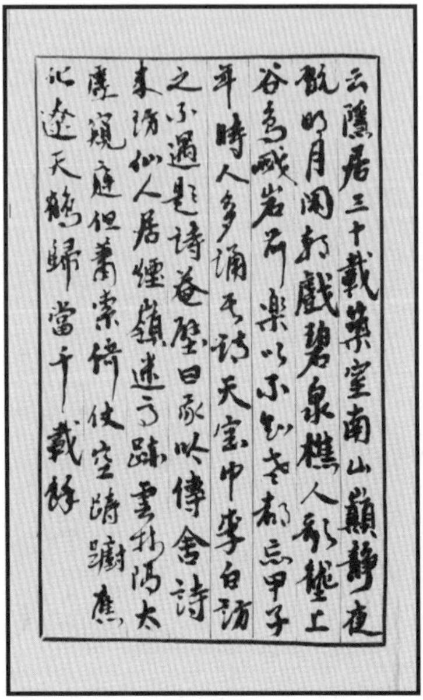
云隱居三十載築室南山巔靜夜
翫明月朝飲碧泉樵人歌壟上
谷鳥戲岩前樂以不知老都忘甲子
年時人多誦其詩天寶中李白訪
之不遇題詩望壁曰我吟傳舍詩
來訪仙人居煙嶺迷高跡雲林隔太
虛窺庭但蕭索倚柱空躊躇應
化遼天鶴歸當千載餘

極功源流支派論宋遠橋緒記」。此本無「宋氏家傳」四字，此本文辭中，後涉數種支派，「別名別目者」，雖「一家人，必無兩家話」，但此譜作者認為應有不屬「宋氏家傳」的其他支派，所以，題簽「太極功源流支派論」，似可採信。

②所為：此本、吳圖南「清初本」、馬振華藏本皆如是，唯梅墨生本作「所謂」。陳耀庭藏本在「所為」前，衍「宋氏家傳太極功源流支派論」十二字。

③其本：馬振華藏本作「根本」。本：木下為本，從本，一在其下。與末相對，木上為末。物有本末，事有終始，知所先後，不失其本也。

④予：唯梅墨生抄本作「余」。

⑤授業：陳耀庭藏本「授」字因紙張破裂而殘缺；馬振華藏本作「受業」。

⑥于歡之：此本、陳耀庭藏本與吳圖南「清初本」皆作「于歡之」；馬振華藏本作「于歡」；梅墨生抄本作「于觀子」。梅墨生以《道德經》「常無欲以觀其妙，常有欲以

觀其徼」句，釋解「于觀子」。王新午本談及許宣平拳功傳承時稱「其所傳之太極拳功，係受業於于歡子」，稱「于歡之」另有其人。

二水按：不管是于歡之、于歡還是于歡子，抑或于觀子，從可稽查的與許宣平相關的古籍中，都找不到與許宣平之間的關聯性。

⑦許宣平：唐代著名道學仙尊，歙縣人。因李白慕仙而名。《全唐詩》收錄其詩作三首：《負薪行》《庵壁題詩》《見李白詩又吟》等。《續仙傳》《歷世眞仙體道通鑒》《唐詩紀事》《太平廣記》《月旦堂仙佛奇蹤》等都有其傳。詳見附錄。

⑧至予十四代也：此本與吳圖南「清初本」如是；馬振華藏本作「至余十四代也」；梅墨生抄本作「至余為十四代焉」。

二水按：下文中談及許宣平於唐睿宗景雲年中，隱城陽山，睿宗景雲年，係西元七一○年至七一二年。慣常紀年以三十年為一代，許宣平傳承十四代，大凡經歷了四百二十年左右。所以，金庸在設計宋遠橋生卒時，界定在一二九五—一三八○年，也合情理。

⑨有斷者，亦有繼耳：此本與吳圖南「清初本」如是；陳耀庭藏本作「有斷，亦有繼耳」；馬振華藏本作「有斷者，有續者耳」；梅墨生抄本作「有斷者，有繼者」；陳耀庭藏本「斷」「繼」等字中所含有的「㡭」，皆繁體，而他本皆簡寫。

二水按：物質文化的傳承，時斷時續，倘若有圖集實物可待稽考，依然可以代代相繼。而作為非物質文化，以「人」作為傳承的載體，薪火相繼，更需要人與人之間，心手相映的傳承。誠如武延緒摹狀武禹襄傳授李亦畬拳藝的情形：「有無弗傳，傳無弗盡。口詔之，頤指之，身形容之，手足提引之，神授而氣予之。公亦步亦步，趨亦趨，以目聽，以心撫，以力追，以意會，凡或向或背，或進或退，或伸或縮，或縈或拂，無不窮極幽眇，而受命也如響。」太極拳作為非物質文化遺產，師徒傳習，只有這樣，方能得以傳承有序。「明滅一燈續，禪關有幾人」，一旦其間「有斷者」，傳承有了斷層之後，如何才得以「亦有繼耳」？宋氏開篇這一說辭，非常人理性思維者所能理會之。但在仙道諸流裡，「神授」「夢示」尚不足為奇，斷續自不足為怪了。

許先師，係江南徽州府①歙縣人。睿宗景雲年②中，隱城陽山③，結菴南塢④，辟穀⑤。身長七尺六⑥，髯長及臍，髮長至足，顏若四十許人⑦，行疾奔馬⑧。時或負薪⑨，賣於市中，薪擔常掛一花瓢及竹杖，每醉行，騰騰以歸⑩。吟曰⑪：負薪朝出賣，沽酒日西歸⑫。路人莫問歸何處，穿行白雲入翠微⑬。

【注釋】

①徽州府：古稱新安，始置於秦，屬會稽郡。晉屬新安郡。隋開皇十一年（西元五九一年）置歙州。北宋徽宗宣和三年（西元一一二一年），賜名徽州。府治歙縣，轄歙縣、黟縣、休寧、婺源、績溪、祁門。歙縣、黟縣、休寧、祁門今歸屬黃山市。績溪今歸宣城市。婺源，今歸江西上饒市。

②睿宗景雲年：西元七一〇—七一二年，是唐睿宗李旦的年號，計景雲元年、景雲二年、景雲三年三年，而實際使用時間不到兩年。

③城陽山：馬振華藏本在城陽山句下有「即本府城南紫陽」句；陳耀庭藏本、梅墨生抄本有「即本府城南紫陽山」句。《太平寰宇記》云：城陽山，或稱翠微山。在歙縣南，環回孔高，為城郭之衿帶，居郡之南，故號為城陽山焉，即許宣平得道之所，亦為李白尋之不遇，今山上有遺跡存。

④結菴南塢：陳耀庭藏本、吳圖南「清初本」、馬振華藏本、梅墨生抄本皆作「結簷南陽」，李先五本作「結廬南陽」，此本作「結菴南塢」。菴，通庵，圓形草屋為庵。此本文中庵、菴互用，一依其舊。簷，檐也。南塢：朝南的山坳。山坳中，四面高中央低的處所，稱塢。

⑤辟穀：道學修煉術。不食五穀，或食藥或餐霞，並兼導引。《南史・隱逸傳下・陶弘景》：「弘景善辟穀導引之法，自隱處四十許年，年逾八十而有壯容。」

⑥身長七尺六：日本正倉院藏有唐尺二十六支，最長一尺，相當於三一・七公分；最短一尺，相當於二九・四公分。二〇〇四年，從銅陵發掘的唐墓葬中的銅尺，長二九・八公分。以一尺合三一・七公分計，許宣平身高二四〇・九二公分。以一尺二九・四公分計，許宣平身高二二三・四四公分。李白自薦文本《與韓荊州書》「雖長不滿七尺，而心雄萬夫」句中，也談及了自己身高。「眸子炯然，哆如餓虎」的李白，身上應該有突厥血統，以他的身高，也可證許宣平絕非俗胎。

⑦顏若四十許人：他本皆無此句，唯此本有之。

⑧行疾奔馬：李先五本作「行如奔馬」；他本皆作「行及奔馬」，唯此本如是。

⑨時或負薪：他本皆作「每負薪」，唯此本如是。

⑩薪擔常掛……騰騰以歸：他本皆無「薪擔常掛一花瓢及竹杖，每醉行，騰騰以歸」句，唯此本有之。

⑪吟曰：陳耀庭藏本、吳圖南「清初本」、梅墨生抄本、王新午本皆作「獨吟曰」；馬振華藏本作「獨曰」。

⑫沽酒日西歸：此本與陳耀庭藏本如是；吳圖南「清初本」、梅墨生抄本、王新午本皆作「沽酒日夕歸」；馬振華藏本作「日夕沽酒歸」；李先五本無此詩。日夕：傍晚。陶淵明《飲酒》詩云：「山氣日夕佳」。日西：傍晚。《素問。生氣通天論》云：「日西而陽氣已虛。」

⑬路人莫問歸何處，穿行白雲入翠微：他本皆作「借問家何處，穿雲入翠微」，唯此本如是。

二水按：此詩《全唐詩》錄之，題名《負薪行》。

邇來①二十餘年，或施人危急，或救人疾苦，市人多訪之不見。但覽庵壁題詩云：隱居二十載，築室南山巔，靜夜翫②明月，閑朝戲碧泉。樵人歌壟上，谷鳥戲岩前。樂以不知老，都忘甲子年③。

【注釋】

①邇來：近來。「邇來」以下，至「李白訪之不遇」前，計七十八字，他本皆無，唯

此本有之。

②翫：音ㄨㄢˊ，同「玩」，此處為觀賞、欣賞之意。

③甲子年：傳統以天干地支紀年。天干、地支起始循環的第一年為甲子年，六十年一輪迴。此詩《全唐詩》錄之，題名《庵壁題詩》。

時人多誦其詩，天寶中，李白訪之不遇，題詩菴壁曰①：我②吟傳舍③詩，來訪仙人居。煙嶺迷高跡④，雲林隔太虛⑤。窺庭但蕭索，倚仗空躊躕⑥。應化遼天鶴⑦，歸當千載餘。

【注釋】

①李白訪之不遇，題詩菴壁曰：他本皆作「李白訪之不遇，題詩望仙橋而回」；馬振華藏本「望仙橋」誤作「望山橋」；「回」作「返」，唯此本如是，且尚有後續自「我吟傳舍詩」至「莫知所蹤」九十字，而他本皆無。菴，古同「庵」。

②我：原文此處字跡難辨。據《詩話美編》中收錄李白「題許宣平庵壁」，此句為

「我吟傳舍詠，來訪眞人居。」

③傳舍：古時供行人住宿的處所。《漢書》：「沛公至高陽傳舍」，顏師古注：「傳舍者，人所止息，前人已去，後人復來，轉相傳也。」漢時官營旅舍分邸、傳舍、亭傳三類：邸，設於都城；傳舍，設於驛道；亭傳，設於鄉下。

④高跡：兼指人德行的崇高，或超凡脫俗。申涵光《懷太原傅青主》詩云：「幸將卷帙傳高跡，日向晴窗展畫看。」

⑤太虛：空寂玄奧之境。《莊子。知北遊》：「是以不過乎崑崙，不遊乎太虛。」

⑥躊躕：亦作「躊躇」。停留，徘徊，猶豫之意。張養浩《山坡羊》云：「望西都，意躊躇。」

⑦應化遼天鶴：應化者，順應道行，隨宜化身，感化凡俗也。陸機《辨亡論上》：「歷命應化而微，王師躡運而發」。遼天鶴，典出遼東丁令威得仙化鶴歸里事。陶潛《搜神後記》卷一：「丁令威，本遼東人，學道於靈虛山。後化鶴歸遼，集城門華表柱。時有少年，舉弓欲射之。鶴乃飛，徘徊空中而言曰：『有鳥有鳥丁令威，去家千年今始歸。城郭如故人民非，何不學仙塚壘壘。』遂高上沖天。」歐陽修《採桑子》詞：「歸來恰似遼東鶴，城郭人民，觸目皆新，誰識當年舊主人。」

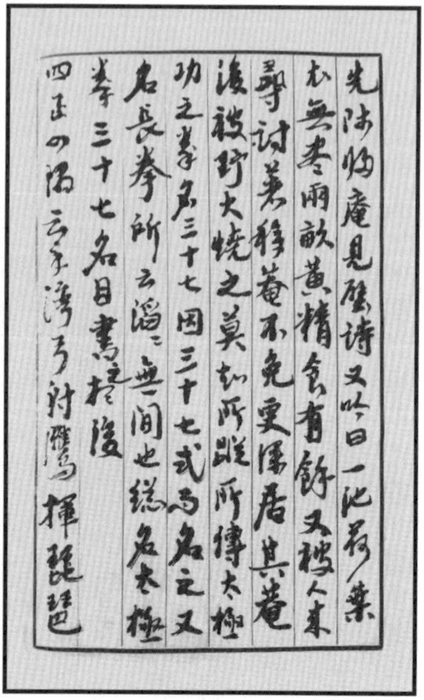

先師歸庵見壁詩又吟曰一池荷葉
衣無盡兩畝黃精食有餘 又被人來
尋討著移菴不免更深居 其菴
後被野火燒之莫知所蹤所傳太極
功之拳名三十七因三十七式而名之又
名長拳所云滔滔無間也總名太極
拳三十七名目書之於後
四正四隅云手彎弓射鷹 揮琵琶

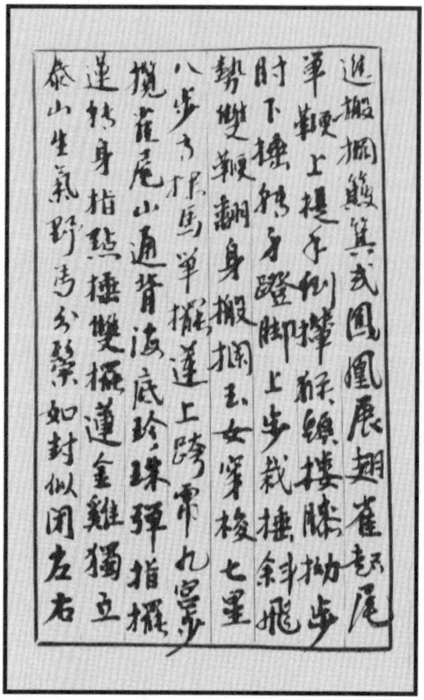

進搬攔簸箕式鳳凰展翅雀起尾
單鞭上提手倒攆猴摟膝拗步
肘下捶轉身蹬腳上步栽捶斜飛
勢雙鞭翻身搬攔玉女穿梭七星
八步雲抹馬單攔蓮上跨虎九宮步
攬雀尾山通背滾底珍珠彈指攔
蓮轉身指點捶雙擺蓮金雞獨立
泰山生氣野馬分鬃如封似閉左右

先師①歸庵，見壁詩，又吟曰：

一池荷葉衣無盡，兩畝黃精食有餘。
又被人來尋討著，移菴不免更深居②。

其菴後被野火燒之，莫知所蹤。

【注釋】

①師：原文此處字跡難辨，據上下文推為「師」字。

②一池荷葉衣無盡……移菴不免更深居：此詩《全唐詩》錄之，題名《見李白詩又吟》。羅浚《寶慶四明志》（宋刻本）卷十三載大梅法常詩云：「一池荷葉衣無盡，

幾樹松花食有餘。剛被世人知住處，更移茅舍入深居。」一道一僧，一食黃精，一食松花，皆作避世辟穀姿態，兩詩句式文辭顯然有因循蹈襲的痕跡，究竟是僧竊道，抑或道襲僧，不得而知。

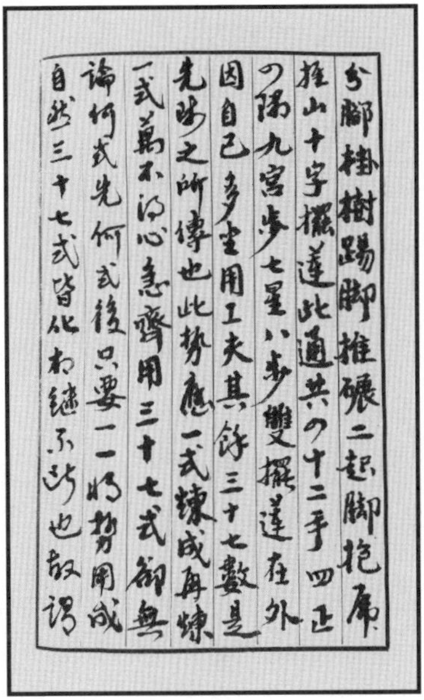

分腳　掛樹踢腳　推碾　二起腳　抱虎
推山　十字擺蓮　此通共の十二手　四正
の隅　九宮步　七星八步　雙擺蓮　在外
因自己多坐用工夫　其餘三十七數　是
先師之所傳也　此勢應一式練成　再練
一式　萬不可心急齊用　三十七式　卻無
論何式先　何式後　只要一一將勢用成
自然三十七式皆化而継不斷也　故謂

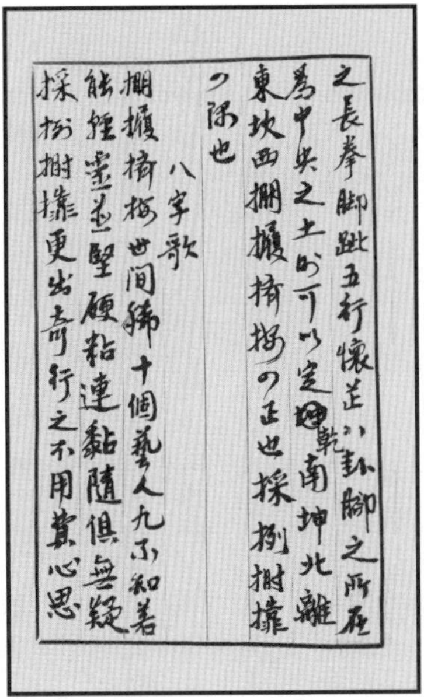

之長拳　腳踏五行　懷並八卦　腳之所在
為中央之土　可以定乾南坤北離
東坎西　掤擴擠按の正也　採挒肘靠
の隅也

八字歌

掤擴擠按世間稀　十個藝人九不知　若
能輕靈並堅硬　粘連黏隨俱無疑
採挒肘靠更出奇　行之不用費心思

所傳太極功之拳名三十七，因三十七式而名之。又名長拳，所云滔滔無間也。總名太極拳①。三十七名目書之於後②：

【注釋】

①所傳太極功……總名太極拳：此段語式各異，其義則一：

陳耀庭藏本作「所傳太極之功，拳名三十七式，因以三十七式而名之。又名長拳者，所謂滔滔無間也。總名太極拳。」

吳圖南「清初本」作：「所傳太極之功，拳名三十七，因三十七式而名之。又名長拳者，所云滔滔無間也。總名太極拳。」

馬振華藏本作：「所傳太極功，拳名三十七，因三十七式也。」脫「又名長拳，所云滔滔無間也。總名太極拳。」一節。

梅墨生抄本作：「所傳太極拳功，名三十七，因三十七式而名之。又名長拳者，所云滔滔無間也。總名太極拳。」

王新午本作：「其所傳之太極拳功，係受業於於歡子。名三十七式，因共三十七式而名之。又名長拳。長拳者，因如長江大河，滔滔不絕，無間斷也。總名太極拳三十七式。其各式名稱，與太極拳十三式大致相同。」

②三十七名目書之於後：此句，此本與吳圖南「清初本」皆作「三十七名目書之於後」；陳耀庭藏本作「三十七式名目書之於後」；馬振華藏本作「三十七名目列之於後」；梅墨生抄本作「三十七名書之於後」。

四正　四隅　云①手　灣②弓射雁③　揮琵琶　進搬攔　簸箕式　鳳凰④展翅　雀起尾　單鞭　上提手　倒攆猴頭⑤　搂膝拗步　肘下捶　轉身蹬腳　上步栽捶　斜飛勢　雙鞭　翻身搬攔　玉女穿梭　七星八步　高探馬　單擺蓮⑥　上跨虎　九宮步　攬雀⑦尾　山⑧通背　海底珍珠⑨　彈指　擺蓮　轉身指點捶⑩　雙擺蓮　金雞獨立　泰山生氣⑪　野馬分鬃⑫　如封似閉　左右分腳　掛樹踢腳　推碾⑬　二起腳⑭　抱虎推山　十字擺蓮

【注釋】

①云：此本與梅墨生抄本皆如是；吳圖南「清初本」、馬振華藏本皆作「雲」；陳耀庭藏本脫「云手」此式名目。

②灣：此本與吳圖南「清抄本」皆作「灣」；陳耀庭藏本、馬振華藏本、梅墨生抄本皆作「彎」；唯有陳耀庭藏本「弯」繁體寫作「彎」，他本皆簡寫。下文名目「搂膝拗步」之「搂」，諸本皆簡寫，唯獨陳耀庭藏本寫作「摟」。

③雁：此本抄作雁的異體「贗」，而又將雁下的貝誤作了鳥，所以容易誤作「鷹」

字。

④鳳凰：梅墨生抄本作「鳳皇」。

⑤倒攆猴頭：此本、陳耀庭藏本及吳圖南「清抄本」皆如是；梅墨生抄本將「攆」作「輦」；馬振華藏本作「倒攆猴」。

⑥蓮：此本、陳耀庭藏本及梅墨生藏本皆如是；吳圖南「清初本」、馬振華藏本皆作「連」。後「擺蓮」「雙擺蓮」「十字擺蓮」同，不另注。

⑦雀：馬振華藏本作「鵲」。

⑧山：陳耀庭藏本作「扇」；馬振華藏本作「閃」。

⑨海底珍珠：馬振華藏本作「海底針」。

⑩指點捶：馬振華藏本作「指錘」。

⑪泰山生氣：唯馬振華藏本作「泰山生葉」。

⑫鬃：唯吳圖南「清初本」作「宗」。

⑬推碾：陳耀庭藏本「碾」字後注有「一作展」三個小字；馬振華藏本作「推磨」。「推碾」式前，梅墨生抄本衍「八方掌」，他本皆無。

⑭二起腳：馬振華藏本誤作「三起腳」。

此通共四十二手①。四正、四隅、九宮步、七星八步、雙擺蓮在外，因自己多坐用工夫②。其餘三十七數是先師之所傳也。

【注釋】

①四十二手：吳圖南「清初本」、梅墨生抄本皆作「四十三手」，其實吳圖南「清初本」實際只有四十二手。梅墨生抄本多「八方掌」一式，巧合四十三之數。陳耀庭藏本此節脫「此通共四十二手」七字。因前脫「雲手」，後「彈指擺蓮」連作一式，所以陳耀庭藏本名目中，實際只有四十式。後文「四正、四隅、九宮步、七星八步、雙鞭、雙擺蓮在外」句，「雙鞭」似衍文。前列四十目，倘若減去後列六目，只剩三十四目了。馬振華藏本此句也有脫詞，只留存「七星八步、雙擺連、雙鞭在外」。「雙鞭」兩字也似衍文。

②因自己多坐用工夫：陳耀庭藏本作「因自己純功而得」。他本皆作「因自己多坐用的工夫」。

二水按：古語境裡，動詞前的坐，常作副詞用，其意因後面的動詞而變，如坐膺、坐辦等。此處「坐」有強調口吻，有平素、慣常之意。此「坐」，緒記者「宋遠橋」旨在強調說明「四正、四隅、九宮步、七星八步、雙擺蓮」五式，是自己平素裡慣常習練的功法，其他三十七式，才是「先師之所傳」。馬有清釋「坐」，為定而不動，是《莊子》大宗師裡的「坐忘」。臆測耳。

此勢應一式煉成，再煉一式①，萬不得心急齊用。三十七式，卻無論何式先，何式後，只要一一將勢②用成，自然三十七式皆化，相繼不斷也。故謂之長拳③。

【注釋】

①此勢應一式煉成，再煉一式：吳圖南「清初本」作「此勢應一勢煉成，再煉一勢」，三字皆作「勢」字；陳耀庭藏本、馬振華藏本與梅墨生抄本皆作「此式應一式煉成，再煉一式」，三字皆作式。

二水按：在現代語境，按照用字規定，煉，應作「練」。

②勢：他本此處皆作「式」，唯此本為「勢」。

③故謂之長拳：此本與吳圖南「清抄本」皆如是；馬振華藏本作「故又謂之曰長拳」；陳耀庭藏本、梅墨生抄本作「故謂之曰長拳」。

腳跐①五行，懷藏八卦，腳之所在，爲中央之土，則可以定乾南坤北離東坎西②。掤履擠按，四正也，採挒肘撑，四隅也③。

【注釋】

①跐：蹈也，履也，躡也，踩也，踏也。馬振華藏本作「踩」。

②腳之所在……離東坎西：此句「腳之所在，為中央之土，則可以定乾南坤北離東坎西」，馬振華藏本脫詞，只剩下「離東坎西」四字。

二水按：乾南坤北、離東坎西，習俗以為是遵循先天伏義八卦方位之圖。其實伏義八卦方位之圖，只是天地定位。乾坤定上下之位，離坎列左右之門。康節先生以為伏義八卦是立體三維「乾坤縱而六子橫」的八卦圖。朱熹《周易本義》卷首所列《伏義八卦方位》，圖說中稱「邵子曰乾南坤北，離東坎西，震東北，兌東南，巽西南，艮西北」，其實是附會了南唐何溥《靈城精義》論堪輿家以先天後天為定龍定穴之論：「大抵先天分位，乾南坤北，離東坎西，震巽艮兌居四隅，乃陰陽對待之體。然乾坤雖云天地定位，實為陰陽之老；坎離雖云水火不相射，亦為陰陽之極。」後世學究不明就裡，套用朱熹之辭。文王八卦方點陣圖，始有離南坎北，震東兌西。朱熹《晦庵先生朱文公易說》卷之二曰：「文王八卦配四方四時，離南坎北，震東兌西，卦畫不可移換。」

③掤擴擠按……四隅也：掤，在陳耀庭藏本皆作「捧」，不一一校之。擴，梅墨生抄本作「捋」。「掤擴」兩字，陳耀庭藏本、馬振華藏本作「肘靠」。

二水按：掤擴擠按，採挒肘靠與卦象的配伍，在李亦畬手抄《王宗岳太極拳論》（郝和珍藏）中：「掤、擴、擠、按，即坎、離、震、兌，四正方也。採、挒、肘、靠，即乾、坤、艮、巽，四斜角也。」武禹襄贈貽楊家的諸本也如是。唯獨全佑一脈吳氏傳抄自楊家的本子，如《康健指南》等吳氏本，皆作：「掤、擴、擠、按，即乾、坤、坎、離。採、挒、肘、靠，即巽、震、兌、艮」，取法伏羲八卦乾南坤北、坎西離東。

八字歌

掤擺①擠按世間稀，十個藝人九②不知。
若能輕靈並堅硬，粘連黏隨③俱無疑。
採挒肘撓④更出奇，行之不用費心思。
果能粘連黏隨字，得其環中不支離⑤。

【注釋】

①擺：梅墨生抄本作「捋」；此本與他本皆如是。

②九：此本、陳耀庭藏本皆如是；他本皆作「十」。

③粘連黏隨：此本、吳圖南「清抄本」、馬振華藏本皆如是；陳耀庭藏本、梅墨生抄本皆作「沾連粘隨」。後同，不另注。

④搠擵：兩字，此本為「搠擵」，陳耀庭藏本、梅墨生抄本、馬振華藏本作「肘靠」。此句馬振華藏本作「採捌肘靠奇妙術」。

⑤得其環中不支離：得其環中，典出《莊子。齊物論》：「物無非彼，物無非是……樞始得其環中，以應無窮。」馬振華藏本誤作「得其語中」；梅墨生抄本「環」誤作「寰」；此本與陳耀庭藏本皆將「离」作繁體「離」。

三十七心會①論

腰脊爲第一主宰　　猴頭爲第二主宰

地心②爲第三主宰③　　丹田爲第一賓輔④

掌指⑤爲第二賓輔　　足掌⑥爲第三賓輔

【注釋】

①心會：心領神會。張孝祥《念奴嬌・過洞庭》詞：「悠然心會，妙處難與君說。」

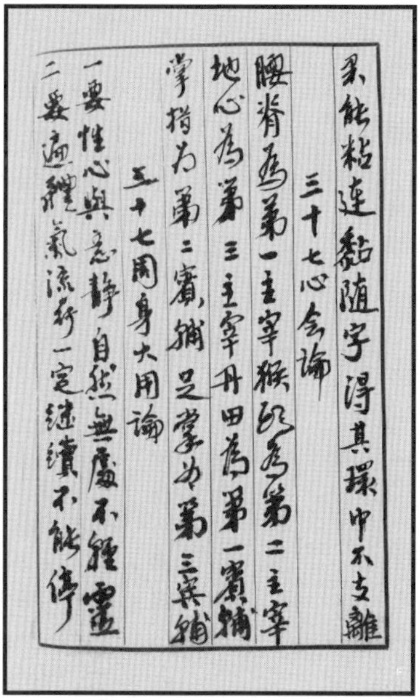
果能粘連黏隨字得其環中不支離
三十七心會論
腰脊為第一主宰喉頭為第二主宰
地心為第三主宰丹田為第一賓輔
掌指為第二賓輔足掌為第三賓輔
三十七周身大用論
一要性心與意靜自然無處不輕靈
二要遍體氣流行一定繼續不能停

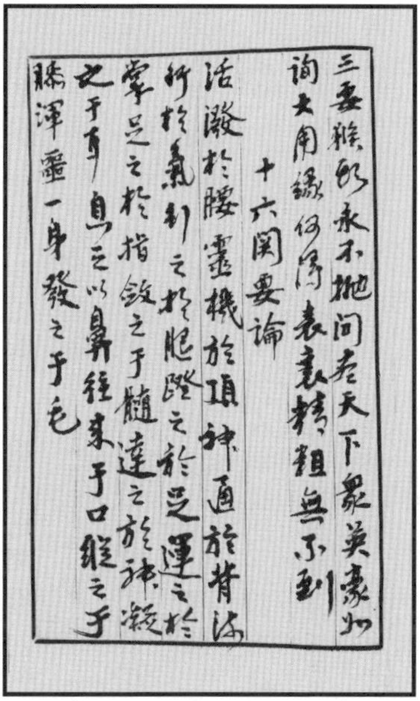
三要喉頭永不拋問盡天下眾英豪如
詢大用緣何得表裏精粗無不到
十六關要論
活潑於腰靈機於頂神通於背流
行於氣行之於腿蹬之於足運之於
掌足之於指斂之於髓達之於神凝
之於耳息之以鼻往來於口縱之於
膝渾噩一身發之於毛

二水按：荊浩《畫山水賦》云：「觀者先看氣象，後辨清濁，分賓主之朝揖，列群峰之威儀……樹不可繁，要見山之秀麗；山不可亂，要顯樹之精神。若留意於此者，須心會於玄微。」此節文字雖是論畫，實在洞徹賓主之意。欣賞繪畫，「先看氣象，後辨清濁」，側重的是意氣之君。畫面佈局，則是骨肉之臣。而畫面佈局之中，還得進一步「分賓主之朝揖，列群峰之威儀」，如是方能心領神會。拳勢之中，「意氣君來骨肉臣」之後，但就身軀骨肉間架，還得分清主宰與賓輔。三組主宰與賓輔關係，就三才而論，腰脊與丹田，處身軀之中節，是天地人之「人」的主賓關係；猴頭與掌指，處身軀之梢節，是天地人之「天」的主賓關係；地心與足掌，處身軀之根節，是天地人之「地」的主賓關係。

徐哲東《太極拳發微》之伏氣，可作「腰脊與丹田」主賓關係的解讀：「伏氣之法，樞鍵在腰。何以言之？以腰肌之弛張，可使膈膜為升降。腰肌張，則膈膜降而為吸；腰肌弛，則膈膜升而為呼。將欲息之出入深細，在膈膜之升降與肺之弛張相應……此和順形氣之法也。」氣沉丹田，須在膈膜之升降前提下，讓胸腹掏空，胸中橫氣，方能卸至腳底，以此壽人以柔。以猴頭不拋，頂頭懸為主宰，手梢掌指為賓輔，以吞天之氣。以引動地心回饋力為主宰，足掌如吸盤粘地，以接地之力。在拳學實踐中，身軀三節主賓，可作如是解。此則文辭，有濃厚的儒學氣息，不類仙道口吻。

②地心：此本與吳圖南「清初本」、馬振華藏本、王新午本皆作「地心」；李先五本作「心」；陳耀庭藏本及梅墨生抄本作「心地」。

③主宰：支配、統領。相對於賓輔、臣使而論者。身形間架，四營五梢，何所主宰，何所臣使，須悉心體悟。吳圖南「清初本」、陳耀庭藏本、梅墨生抄本三個「主宰」前，皆有「之」字，此本與馬振華藏本無之。

④賓輔：賓客、輔助。相對於主宰而論者。吳圖南「清初本」、陳耀庭藏本、梅墨生抄本三個「賓輔」前，皆有「之」字，此本與馬振華藏本無之。

⑤掌指：李先五本作「手指」；馬振華藏本作「指掌」；此本、陳耀庭藏本、吳圖南「清初本」、梅墨生抄本皆作「掌指」。

⑥足掌：李先五本作「手掌」；陳耀庭藏本、王新午本作「足指」。

三十七周身大用①論

一要性心②與意靜　自然無處不輕靈

二要遍體氣流行　一定繼續不能停

三要猴頭永不拋③　問盡天下衆英豪④

如詢大用緣何得⑤　表裏精粗無不到⑥

【注釋】

①大用：周身為體，拳勢為用。太極拳自此沿用傳統「體用」這一哲學概念。道家以無用為用。郭象《莊子注·人間世注》解辨有用與無用曰：「積無用，乃為濟生之大

內充。」

用。」儒家則積健為雄，體用一源。司空圖《二十四詩品》之雄渾曰：「大用外腓，眞體內充。」

二水按：此篇的體用思想，與「意氣君來骨肉臣」一脈相承。一要、二要，強調的是「先在心，後在身」「以心行氣，務使沉著」「意氣須換得靈，乃有圓活之趣」「以氣運身，務順遂」「行氣如九曲珠，無微不到」「氣遍身軀不稍癡」也。三要，強調的則是骨肉之臣道。「精神提得起，則無遲重之虞」「尾閭正中神貫頂，滿身輕利頂頭懸」也。

②性心：陳耀庭藏本作「心性」。

③三要猴頭永不抛：此句馬振華藏本作「三要頂頭永不抛」。

④問盡天下衆英豪：此句馬振華藏本作「問盡天下無知曉」。

⑤如詢大用緣何得：陳耀庭藏本作「如詢大功因何得」；馬振華藏本作「四要英雄如詢大用緣何得」，「四要英雄」四字疑係衍文。

⑥表裏精粗無不到：語出《朱子語類》卷十六：「表者，人物之所共由。裏者，吾心之所獨得。表者，如父慈子孝，雖九夷八蠻，也出這道理不得。裏者，乃是至隱至微，至親至切，切要處」「表便是外面理會得底，裏便是就自家身上至親至切、至隱至密、貼骨貼肉處。」

二水按：此則文辭，也散發濃厚的儒學者氣息，不類仙道口吻。

十六關要①論

活潑於腰　靈機於頂
神通於背　流行於氣②
行之於腿　蹬之於足
運之於掌　足之於指③
斂之于髓　達之於神
凝之于耳　息之以鼻④
往來于口⑤　縱之于膝
渾噩一身　發之于毛⑥

【注釋】

①關要：關鍵和要點。《出三藏記集序》卷第十一釋道安之比丘大戒序云：「夫戒者，人天所由生，三乘所由成，泥洹之關要也。」

②流行於氣：吳圖南「清初本」、梅墨生抄本、董英傑本、沈壽「萬本」皆作「不使氣流行於氣」；此本、陳耀庭藏本、馬振華藏本皆作「流行於氣」。

③足之於指：此本與吳圖南「清初本」、董英傑本皆如是；梅墨生抄本作「足之於掌指」。「足」，或係「通」之誤。馬振華藏本作「施之於指」；李先五本作「繞之於指」；唯陳耀庭藏本、沈壽「萬本」、王新午本作「通之於指」。

二水按：靈機神通，活潑流行，行蹬縱，運通達，斂凝息，往來渾噩發放等，一一皆可充作上一節「三十七周身大用論」中「表裡精粗無不到」句的解讀，是將周身大用落實在表裡精粗處處。「通」字在行草中常會被誤抄成「足」，就像是「王宗岳」在行草中或被誤讀成「王學定」一樣。上述諸本中，或皆誤抄「通」為「足」，即便是「施之」「繞之」，或許也是在見「足之」不通，而自行「改道」而施之、繞之也。由此可證，諸「足之」本皆非原始母本，且或係同以某一誤抄「足之」本為母本。而陳耀庭藏本、沈壽「萬本」、王新午本或王新午所據的許禹生抄本，則是另有「通之」本為母本。

④息之以鼻：他本皆作「息之於鼻」，唯此本如是。

⑤往來于口：「于」，通「於」。陳耀庭藏本、吳圖南「清初本」、梅墨生抄本、董英傑本皆作「呼吸往來於口」；馬振華藏本也作「呼吸往來於口」，只是次序列在第十五關要；沈壽「萬本」作「呼吸來往於口」。

⑥發之于毛：陳耀庭藏本、吳圖南「清初本」、梅墨生抄本、董英傑本、沈壽「萬本」皆作「全體發之於毛」；馬振華藏本作「全體發之於毛孔」；陳耀庭藏本、董英傑本、沈壽「萬本」之「体」字作「體」，他本皆簡寫。

功用歌

輕靈活潑求懂①勁
陰陽既濟②無滯病
若得③四兩撥千斤
開合鼓盪主宰定④

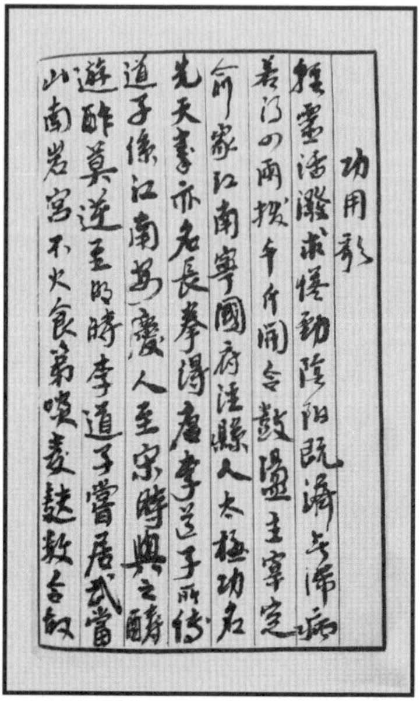
功用歌
輕靈活潑求懂勁，陰陽既濟無滯病，
若得四兩撥千斤，開合鼓盪主宰定。
俞家江南寧國府涇縣人，太極功名
先天拳，亦名長拳，得唐李道子所傳。
道子係江南安慶人，至宋時與之醇
遊，酢莫逆。至明時，李道子嘗居武當
山南岩宮，不火食，第啖麥麩數合，故

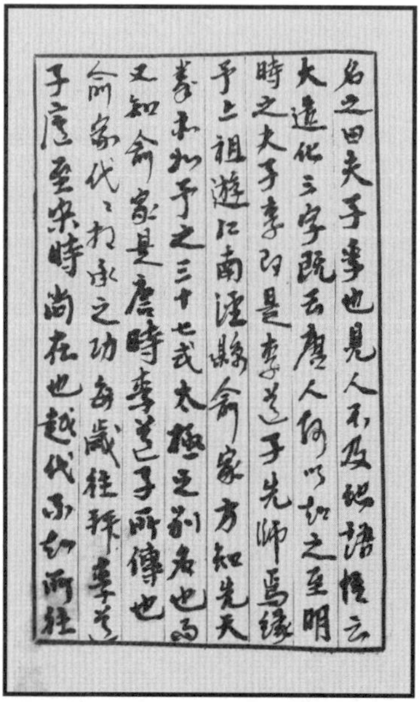
名之曰夫子李也。見人不及他語，惟云
大造化三字。既云唐人，何以知之至明
時之夫子李即是李道子？先師焉緣
予上祖遊江南涇縣俞家，方知先天
拳亦如予之三十七式太極之别名也，而
又知俞家是唐時李道子所傳也。
俞家代代相承之功，每歲往拜李道
子庵，至宋時尚在也，越代亦如而往

【注釋】

①懂：陳耀庭藏本作「董」。

②既濟：易經卦名，下離上坎，異卦相疊，坎為水，離為火，水火相交，水在火上，陰陽顛倒，盛極之象。《紫陽眞人悟眞篇》子野陸墅注云：「人欲養神長生，必須陰陽既濟。」

二水按：此節以易經「陰陽既濟」之理，以避太極拳「雙重則滯」之病，較「欲避此病，須知陰陽」更進了一層。而《太極法說》之「太極陰陽顛倒解」，以「水入鼎內，而置火之上，鼎中之水，得火以燃之，不但水不能下潤，藉火氣，水必有溫時。火雖炎上，得鼎以隔之，是為有極之地，不使炎上。炎之無止息，亦不使潤下之水永滲

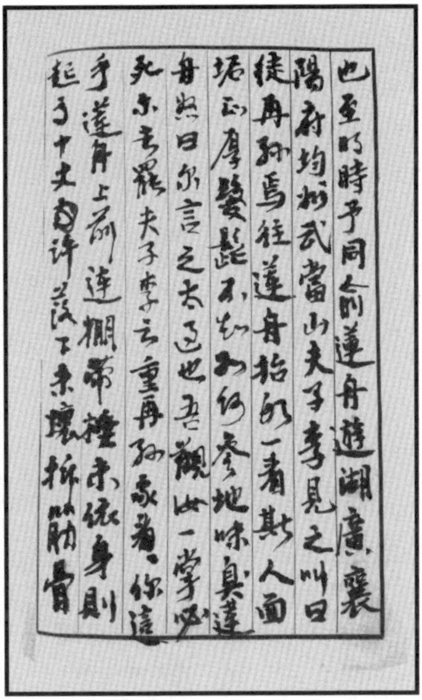
也至明時予同俞蓮舟遊湖廣襄陽府均州武當山夫子李見之叫曰徒再孫焉往蓮舟抬頭一看斯人面垢面廣鬚髮不知如何參地味曰蓮舟照曰你言之太過也吾觀此一掌必死來者誰夫子李云重再孫來看你這手蓮舟上前連搠帶撞未依身則起了十丈有許落下未壞挫筋骨

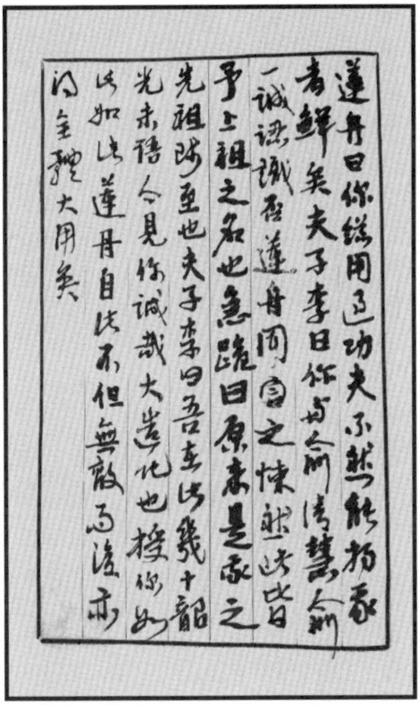
蓮舟曰你縱用過功夫不然能擋我者鮮矣夫子李曰你當今俞清慧俞誠一識認識否蓮舟聞言之快然皆予上祖之名也急跪曰原來是我之先祖蹤至也夫子李曰吾在此幾十餘光未語人今見你誠哉大造化也授你如此如此蓮舟自此不但無敵而後亦得全體大用矣

漏」來解釋水火既濟，陰陽顛倒之理，為太極拳以命門三焦為主宰的訓練體系，提供了實作手冊。

③得：梅墨生抄本作「能」。

④開合鼓蕩主宰定：吳圖南「清初本」在「宰」字上擬改「堅」字。馬振華藏本「定」字，誤為「之」字，蓋「定」字行草與「之」字形似故也。

俞家先天拳源流①

俞家，江南寧國府涇縣人②。太極功，名先天拳，亦名長拳③。得唐李道子所傳④。道子係江南安慶人，至宋時，與之酬遊酢莫逆⑤。

【注釋】

①俞家先天拳源流：原書無此標題，為校注者加。陳耀庭藏本專列標題為「俞蓮舟得授全體」；馬振華藏本標題作「俞蓮舟得授全體秘訣論」。

②江南寧國府涇縣人：陳耀庭藏本、馬振華藏本兩本正文皆脫此句，起句皆作：「俞家太極功，名曰先天拳，亦曰長拳。得唐李道子所傳」。

寧國府：作為一級地方府治，寧國府始設於南宋乾道二年（西元一一六六年）。之前或名宣州、宣城郡、寧國軍。一一六二年，高宗退位，因無子，禪讓給出生於嘉興的秀王趙子偁之子趙昚。趙昚便是南宋最有作為的皇帝宋孝宗。宋孝宗趙昚在登基前，曾駐寧國軍轄內，依慣例，皇帝登位前居住之地，潛邸，也與出生地一樣，可以升格為「府」。遂升寧國府，治所在宣城縣，屬江南路。轄境為宣城、寧國、旌德、涇縣、南陵及黃山市的黃山區（太平區）等地。

③名先天拳，亦名長拳：吳圖南「清初本」、梅墨生抄本、馬振華藏本皆作「名曰先天拳，亦曰長拳」。

④得唐李道子所傳：此句梅墨生抄本脫「道子所傳」四字，並與下句「道子係江南安慶人」合併句讀成「得唐李道子，係江南安慶人」。

⑤至宋時，與之酬遊酢莫逆：陳耀庭藏本、吳圖南「清初本」、梅墨生抄本作「至宋時，與遊酢莫逆」；馬振華藏本作「至宋時，與遊莫逆」。此本與馬振華藏本之「遊」皆作「遊」，陳耀庭藏本、吳圖南「清初本」與梅墨生抄本皆作「游」。

二水按：「至宋時，與之酬遊酢莫逆」句，「酬遊」或係「遊酬」之誤倒。完整句式應該作：「至宋時，與之遊，酬酢莫逆」。而他本皆脫文，以至於無解、誤解或曲解。另，在古漢語中，「游」與水相關，「遊」則與走相連。酬酢，雖然說的是互敬互飲，互唱互和，其大意自然是相互交往，與走有關的。古人不會用一與水相關的「游」來替代酬酢莫逆之「遊」。「游」於酬酢，怕有沉溺酒波之嫌了。此「遊」簡作「游」，也是吳圖南「清初本」的偽跡之一，顯然是民國初年簡化開始盛行的印跡。梅墨生先生在注釋時，乾脆將「遊酢」解作人名，稱「遊酢其人不詳」。

至明時，李道子嘗①居武當山南岩宮，不火食②，第啖麥麩數合③，故名之曰夫子李也④。見人不及他語，惟云大造化⑤三字。

【注釋】

①嘗：此本、陳耀庭藏本、吳圖南「清抄本」皆作「如是」；梅墨生抄本、馬振華藏本皆作「常」。

②不火食：火食，指煮熟的食物。不火食，或指不吃熟食，後引申為隱居辟穀，不吃人間煙火食。《禮記。王制》：「東方曰夷，被髮文身，有不火食者矣」，此處不火食，指的僅是不吃熟食。日本人至今有魚生之好。李好古《張生煮海》：「自家本秦時宮人，後以採藥入山，謝去火食，漸漸身輕，得成大道。」此處謝去火食，便是仙道之流的辟穀術。馬振華藏本作「不食」，蓋脫「火」字。

③第啖麥麩數合：第，但也。作「僅僅」「只是」解。啖，食也，食無菜茹為啖。麥麩：小麥加工麵粉後留下的表皮，通常用作飼料，也偶作食肴。合：容量單位。據《漢書‧律曆志》：十龠為一合，十合為一升，十升為一斗，十斗為一石。明朝的一石米，相當於而今的一百二十斤。一合米合計今天就是六十克，麥麩較米為輕，一合麥麩估計不到一兩（五十克）。馬振華藏本誤作「茅啖麥麩救合」。

④故名之曰夫子李也：陳耀庭藏本作「又改名曰夫子李」；梅墨生抄本作「故又名夫子李也」。《大岳太和山紀略》載：「麩子李，在太和山得道，屠大山中丞，奉旨修太和，會訪之山中。」《三豐全書》載：「李夫子者，名性之，楚人也。正德間入太和山，遇張三豐先生。傳以丹法，遂得道。平時好端坐，澄靜齋莊，人號為李夫子。喜辟穀，日啖麥麩湯，人又號為麩子李。」詳見附錄。

二水按：此節文辭，天馬行空，信馬由韁，時空倒錯，如白雲隨意飄蕩，彌漫著濃郁的道學氣息。唐朝的李道子，到了宋時，此節文字的作者稱「與之遊」，還「酬酢莫逆」。作者採用魔幻現實主義的寫作風格，又將時間演進到明朝，將空間置入在道學聖地武當山。有研究者，連書刊誤寫的「王學定」，都能當作是重大發現，信以為是《太極拳論》的作者，而當他遇到此節時空倒錯的「夫子李」時，他卻壓根也不相信，唐時「夫子李」就是明時的「麩子李」李性之。由此可見，理解仙道之流的語意，倘若沒有一點滴仙道慧根，怕會雲裡霧裡，不能自拔。

⑤大造化：典出《莊子。大宗師》：「今一以天地為大爐，以造化為大冶，惡乎往而不可哉！」造化：創造，孕育之意。大造化，便是以天地為大煉爐，來冶煉化育神秀。

二水按：《廣輿記》卷十四云：「麩子李，不知何許人。嘗居武當山南岩宮，不火食，第啖麥麩數合。故名。見人不及他語，惟云大造化三字」。陸應陽，字伯生，雲間（今松江）人。高才傲世，狂妄一時。沈德符《萬曆野獲編》對其頗多微詞：「陸伯生，名應陽，雲間斥生也，不禮於其鄉」「然其才庸腐，無一致語。時同里陳眉公方以盛名傾東南，陸羨且妒之，詈為咿啞，聞者無不匿笑。」拳譜此節文辭，疑自陸應陽《廣輿記》中化出。

既云唐人，何以知之至①明時之夫子李，即是李道子先師焉②？緣予③上祖遊④江南涇縣俞家，方知先天拳亦如予之三十七式⑤，太極之別名也。而又知俞家是唐時李道子所傳也⑥。俞家代代相承之功，每歲往拜，李道子廬⑦至宋時尚在也⑧，越代不知所往也⑨。

【注釋】

①之至：陳耀庭藏本無「之至」兩字；馬振華抄本、梅墨生抄本無「至」字。

②即是李道子先師焉：陳耀庭藏本作「即李道子先師」，唯此之「焉」，他本皆作

「也」。

二水按：既云唐人，何以知之至明時之夫子李，即是李道子先師焉？兩者時間跨度逾六百餘年，且看道流思辨如何逾越。

③予：梅墨生抄本作「余」，此本及他本皆作「予」。後同，不另注。

二水按：不管是「予」，抑或「余」，這個「第一人稱」的作者，應該是明朝或明朝以後的宋氏。倘若他是明朝人，那麼就應該是宋遠橋了。前文「至明時，李道子嘗居武當山南岩宮」「何以知之至明時之夫子李，即是李道子先師也」「至明時，予同俞蓮舟遊湖廣襄陽府均州武當山」，似乎處處在提醒著讀者：「予（宋遠橋），係明時人」。而根據正常人的思維習慣和說話方式，身處「明時」的「予」，斷斷不會時刻將他所生存的朝代掛在嘴邊的。

④上祖遊：上祖，先祖。遊，他本皆作「遊」；陳耀庭藏本、梅墨生抄本作「游」。

二水按：此上祖，是哪個朝代的人？明朝？抑或「至宋時，與之遊，酬酢莫逆」的宋人？

⑤式：陳耀庭藏本誤作「或」。

⑥也：陳耀庭藏本脫「也」字。

⑦廬：吳圖南「清初本」作「蘆」；馬振華本作「延」；此本、陳耀庭藏本、梅墨生抄本皆作「廬」。

二水按：誤「廬」作「蘆」，顯然是由庐的簡體字與芦相近，又不明就裡而誤抄。可證「蘆」本顯非清初母本。誤「廬」作「延」，則是由「廬」字繁體行草與「延」字相近，而誤抄所致。

⑧也：陳耀庭藏本脫「也」字。

⑨越代不知所往也：陳耀庭藏本作「越代不知李道子所往」，梅墨生抄本作「越代不知李道子所往也」。

二水按：既云唐人，何以知之至明時之夫子李，即是李道子先師焉？且聽作者的回答：理由一，他上祖遊江南俞家，看到他們俞家的先天拳，其實與宋家三十七式一樣，都是太極拳的別名。俞家說，他們的先天拳是從唐朝李道子傳承的。李道子在安慶的廬舍，宋朝時還在。之前，俞家每年都會去參拜瞻仰，後來因為隔代沒去，現在就找不著了。

至明時，予①同俞蓮舟遊②湖廣襄陽府均州武當山，夫子李③見之叫曰：「徒再孫焉往？」

蓮舟抬頭一看，斯人面垢正厚，鬈髭不知如何參地味臭④。蓮舟怒⑤曰：「尔言之太過也。吾觀汝一掌必死，尔去罷⑥。」

【注釋】

①予：他本皆如是；唯梅墨生抄本作「余」。後同，不另注。

②遊：他本皆作「遊」；陳耀庭藏本、梅墨生抄本也如是。

③夫子李：梅墨生抄本作「夫子」。

④斯人面垢正厚，鬈髭不知如何參地味臭：此本如是；陳耀庭藏本作「見斯人垢面厚髮，不知何如參天地味眞腴」；吳圖南「清初本」作「斯人面垢正厚，髮不知如何參地味臭」；馬振華藏本作「斯人面垢厚髮，不知如何參天地味臭」；梅墨生抄本作「斯人面垢正厚，髮長至地，味臭」。

⑤怒：吳圖南「清初本」、梅墨生抄本作「心怒」。

⑥尔言之太過也……尔去罷：「尔」係「爾」之簡體。陳耀庭藏本脫「也」；馬振華藏本「吾」作「我」；梅墨生抄本「爾」作「耳」。

二水按：「吾觀汝一掌必死，爾去罷」句，恃技放曠而豁恕之，一傲。

夫子李云：「重再孫，我看看你這手①。」

蓮舟上前，連掤帶捶②，未依身，則起高十丈許，落下，未壞拆筋骨③。

【注釋】

①重再孫，我看看你這手：此本與吳圖南「清初本」如是。「重再孫」，馬振華藏本作「重孫」；梅墨生抄本作「徒再孫」。陳耀庭藏本「你這手」作「你這一手」。

②蓮舟上前，連掤帶捶：此本如是；陳耀庭藏本作「蓮舟進前，捧連捶」；他本皆作「蓮舟上前，連掤捶」；唯馬振華藏本「捶」作「錘」。

二水按：「連掤帶捶」四字，妙！激怒之後的氣急敗壞，淋漓盡致。一激！

③未依身……未壞拆筋骨：此本如是，吳圖南「清初本」、馬振華藏本皆作「則起十丈高許」；梅墨生抄本作「則起十丈許」；陳耀庭藏本「落下」作「落地」，「未壞拆筋骨」作「未折筋骨」；梅墨生抄本作「未壞拆筋骨」作「未折壞筋骨」。

二水按：漢以來「分寸尺丈引」的換算法則，以十進位，一直沿用至清。而每朝尺子或有長短。從考古所得，明尺大凡有三種，四捨五入，換算成公分，分別為：營造尺：三十二公分；量地尺：三十二。七公分；裁衣尺：三十四公分。倘若以裁衣尺來換算，十丈就相當於三十四米。「未依身，則起高十丈許，落下，未壞折筋骨」，意思是說：俞蓮舟沖上去，連掤帶捶，還沒有碰到李道子身體，就被一種神奇的力量，如直升機引擎，他的身體一下子就直接被起高到了十二層樓的樓頂，然後又落下來，像是背了降落傘，筋骨絲毫無損。這等妙筆生花，恐怕就連金庸都難以企及。

蓮舟曰：「你總用過功夫，不然能扔我者鮮矣①。」

夫子李曰②：「你與俞清慧、俞一誠認識否？」

蓮舟聞之悚然③：「此皆予上祖之名也。」

急跪曰：「原來是我之先祖師至也④。」

夫子李曰：「吾在此幾十韶光未語⑤，今見你誠哉大造化也⑥。授你如此如此。」

蓮舟自此不但無敵，而後亦得全體大用矣。

【注釋】

①你總用過功夫，不然能扔我者鮮矣：此本與吳圖南「清初本」皆如是；陳耀庭藏本「你」作「爾」，「功夫」作「工夫」，「扔」作「敵」；馬振華藏本「扔」作「勝」；梅墨生抄本「扔」作「制」。

二水按：「你總用過功夫」的「總」，「扔我」的「扔」，兩字寫盡認輸時的洩氣與誠服。一服！

②曰：陳耀庭藏本作「云」。

③悚然：此本與諸本皆如是。陳耀庭藏本作「悚然曰」；馬振華本作「默然」。

二水按：「默然」不及「悚然」。「悚然」兩字，足以摹狀一傲、一激、一服之後的惶恐不安，毛髮直豎，肅然起敬。這為後文的「急跪」兩字鋪墊得十分到位。原文此句「蓮舟聞言之悚然」，「言」字已被圈出刪去。

④原來是我之先祖師至也：陳耀庭藏本作「原來我祖師至也」。

⑤吾在此幾十韶光未語：此本與他本皆如是，唯梅墨生抄本作「吾在幾韶光未語」，

疑係脫文。韶光：光陰，大好時光。

⑥今見你誠哉大造化也：與上句相連，意為「幾十年光景流逝，不跟任何人講話，只是為了等你。因為，你是天地乾坤的大造化！」

二水按：自陸應陽《廣輿記》所載：「麩子李，不知何許人」「見人不及他語，惟云大造化三字」，到一傲、一激、一服、一悚、一跪之後，常人的心高氣傲，自然已經蕩然無存，緊接著，「見你誠哉大造化」句，足以撫慰其業已沮喪的心。至此，在俞蓮舟心裡，自然已經將先祖師唐朝李道子，等同於他面前的這位夫子李了。這是作者回答「既云唐人，何以知之至明時之夫子李，即是李道子先師焉」的第二條理由。從行文思辨，到作者的情懷，我們無法用理性思辨去探究，但行文處處都顯露作者的仙道意味。此亦此譜魅力之所在。

予①與俞蓮舟、俞岱岩、張松溪②、張翠山、殷利亨③、莫谷聲，久相往來金陵④之境。夫子李先師授俞蓮舟秘歌云⑤：

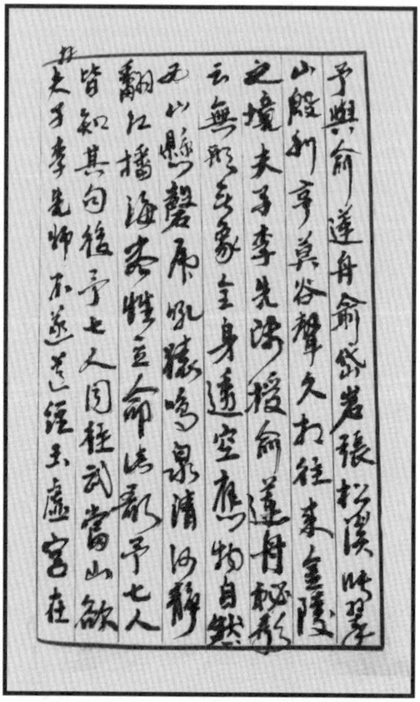
予與俞蓮舟俞岱岩張松溪張翠
山殷利亨莫谷聲久相往來金陵
之境夫子李先生授俞蓮舟秘歌
云無形無象全身透空應物自然
西山懸磬虎吼猿鳴泉清河靜
翻江播海盡性立命此歌予七人
皆知其句後予七人同往武當山欲
拜夫子李先師不遂竟經玉虛宮在

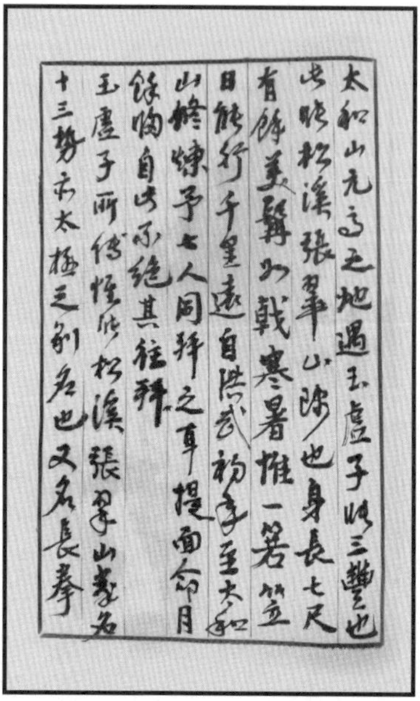
太和山元帝之地遇玉虛子張三豐也
此時松溪張翠山師也身長七尺
有餘美髯如戟寒暑惟一箬笠
日能行千里遠自洪武初年至太和
山修煉予七人同拜之事提面命月
餘始自此不絕其往拜
玉虛子所傳惟松溪張翠山奉名
十三勢亦太極之別名也又名長拳

【注釋】

①予：此本、陳耀庭藏本皆如是；梅墨生抄本作「余」；吳圖南「清初本」、馬振華藏本皆作「予上祖宋遠橋」。

二水按：吳圖南「清初本」的此「予」，終於露出了馬腳。前文有「緣予上祖遊江南涇縣俞家，方知先天拳亦如予之三十七式，太極之別名也」之「予上祖」，馬有清解釋為係宋遠橋的上祖與江南涇縣俞家素有往來。而同一段文字中，此則「予上祖」，馬有清注為：「此處所稱予上祖宋遠橋，應是清初時，宋氏後人繕譜時，對宋遠橋之稱呼」，牽強如此。二水以為，就像是習慣於使用簡體字的人，即便有意仿古，作繁體字，時而會不經意中使用簡體字一樣，習慣於以自己口吻行文者，有意仿造仿冒「先祖」口吻，自然會顯露馬腳的。此足證此文本非明宋遠橋所緒記。

②張松溪：鄞縣大梁街人。沉毅寡言，恂恂如儒者，師事孫十三老，嘉靖年間以內家拳名噪一時。有五字訣，曰勤，曰緊，曰徑，曰敬，曰切。萬曆年間首輔，鄞縣人沈一貫作《搏者張松溪傳》，《續修四庫全書》之《喙鳴文集》卷十九有收錄。詳見附錄。

二水按：沈一貫作《搏者張松溪傳》，原本不為人所重，黃宗羲《明文海》卷四百十九收錄此文，也還沒引起人注目。黃宗羲《南雷文定集》卷八之《王征南墓誌銘》，將張松溪始納入「宋張三峰」一脈的傳承，之後分列山西王宗、溫州陳州同等南北傳承，並詳細羅列了張松溪三四徒中，四明葉繼美（近泉）一脈的支派源流。此文由於黃宗羲本人的影響力，開始為世人所重。《聊齋志異》卷五李超篇末的「王阮亭先生云」（王士禛，字子眞，號阮亭，又號漁洋山人），所涉王宗、陳州同、王來咸（征南）、僧耳、僧尾等，一一皆從黃宗羲《王征南墓誌銘》化出。只是漁洋山人將黃宗羲「宋張三峰」，去掉了「宋」字。而「王阮亭先生云」，又隨《聊齋志異》而躥紅一時，以至於被《三豐全書》以「拳技派」而收錄。只是《三豐全書》將漁洋山人的「張三峰」又改作了「張三豐」，並更正黃宗羲「宋張三峰」係「劉宋」時的張三峰，力辟「劉宋張三峰」之陰陽採戰邪術。而《太極法說》所代表的楊氏老拳譜三十二目，又以矯正陰陽採戰之說，並且將兩男陰陽之氣的相對相待，也作為陰陽採戰之術，而加以推行。此亦一千個讀者心中之一千個哈姆雷特也。

另，許禹生之「海鹽張松溪」說，尚無稽考。二水嘗讀清道光年間海鹽籍戲劇家黃燮清的《倚晴樓詩餘》，內有數闋與張松溪唱和的詞曲。該張松溪，又名茂才，字秦初，一字安甫，錢塘人，少年英俊，於學無所不窺，尤深於詞，得出中白雲神髓。杜文瀾《憩園詞話》收錄其詩詞。「海鹽張松溪」說，是否由此附會，待考。

③殷利亨：金庸《倚天屠龍記》初版本，亦作此名。二版後改「殷梨亭」。其第三章篇末注：據舊籍載，張三豐之七名弟子為宋遠橋、俞蓮舟、俞岱岩、張松溪、張翠山、殷利亨、莫谷聲七人。殷利亨之名當取義於《易經》「元亨利貞」，但與其餘六人不類，茲就其形似而改名為「梨亭」。

二水按：武當張三豐諸弟子，明任自垣撰《大岳太和山志》僅見載丘玄清、盧秋雲、劉古泉、楊善澄、周眞德等。張松溪，內家拳的師承由沇一貫的「孫十三老」，被黃宗義附會作「宋張三峰」一脈，之後被漁洋山人改作「張三峰」之後，於是也被《三豐全集》以「武當張三豐」「拳技派」弟子而列入其中。至此，張松溪，被此譜列入武當張三豐的太極拳嫡派傳承，才有了較為「靠譜」的依據。而宋遠橋、俞蓮舟、俞岱岩、張翠山、殷利亨、莫谷聲等，今已無從稽考。

④金陵：戰國時，楚威王滅越後，在今南京清涼山（石城山）設金陵邑。金陵之境，古指南京。中晚唐，以潤州京口（今鎮江）為金陵之境。其他也有別指四川銅陵山者。朱元璋建都南京後，借南朝謝朓詩「江南佳麗地，金陵帝王州」，明清後金陵之境蓋指南京。

⑤夫子李先師授俞蓮舟秘歌云：後列四字八句，即係夫子李先師授俞蓮舟的秘訣。文辭頗有仙道意味，後世拳學者將此簡作「授秘歌」。

無形無象①

全身透空②

應物自然③

西山懸磬④

【注釋】

①無形無象：此本與吳圖南「清初本」、馬振華藏本皆如是；梅墨生抄本作「無神無象」；王新午本作「無聲無象」。

二水按：《王宗岳太極拳論》：「太極者，無極而生」脫化自周濂溪《太極圖說》之「無極而太極」句。王柏《魯齋集》釋濂溪「無極而太極」句，云：「周子欲為此圖以示人也，而太極無形無象，本不可以成圖，然非圖，則造化之淵微又難於模寫，不得已畫為圖像，擬天之形，指為太極。又苦無形無象，故於圖首發此一語，不過先釋太極之本無此圖像也」，似在為朱熹與陸象山昆仲之間的無極太極之爭，作調和。此可證「無形無象」為正解，意在溯源至《太極拳論》：「太極者，無極而生」的無極狀態。

孫祿堂《形意拳學》署名「大興厚菴氏艾毓寬謹識」的序文云：「無極者，乃人之無意想，無形朕，先天極妙之主體，沖和之本始，太極陰陽動靜之初原也」，無內在的意想，無外形上的朕兆，兼從內外兩方面來描述無極之「無形無象」。孫祿堂《形意拳學》之無極學云：「無極者，當人未練之先，無思無意，無形無象，無我無他，胸中混混沌沌，一氣渾淪，無所向意者也」。值得一提的是，孫祿堂《形意拳學》被人民體育出版社簡體點校成《孫祿堂武學錄》之一後，艾毓寬的序文：「無極者，乃人之無意想，無形朕，先天極妙之主體，沖和之本始，太極陰陽動靜之初原也」，被點校成了「無極者，乃人之無意想無形，朕先天極妙之主體，沖和之本，始太極陰陽動靜之初原也」。這一點校的句讀錯誤，又被河南省博愛縣驚世駭俗大「發現」的《無極養生拳論》，演繹成：「無極養生功，乃人之無意無形，聯先天極妙之主體，沖和之本始，陰陽動靜之初源也。」《孫祿堂武學錄》的點校者，因不理解「無意想，無形朕」的無極狀態，在句讀時，將「形朕」兩字硬生生的拆開了，而《無極養生拳論》的捉刀者，生硬地將孫祿堂、艾毓寬兩位元先輩的文字拼湊起來，又因不解「朕」有朕兆之意，於是乾脆將「朕」改作了「聯」，此字乃作偽者露底之證，亦可作一粲耳。

②全身透空：此本與吳圖南「清初本」、梅墨生抄本皆如是，馬振華藏本作「全體透空」。

③應物自然：此本與他本皆如是，馬振華藏本作「應懷自然」，亦不解「應物」深意，而擅改者。應物：順應外物的陰陽變化。自然：外物陰陽變化的內在規律，《老子》曰：「人法地，地法天，天法道，道法自然。」

二水按：全身透空、應物自然，分別摹狀了太極體用兩個不同層面的狀態。全身透空是太極之體，應物自然是太極之用。「十六關要」裡的「渾噩一身」，則是太極體於人身的狀態。羅汝芳《近溪子明道錄》卷六云：「思想在心，亦有時渾渾噩噩，內外俱忘，物我無跡，此則其精微時也」，此太極體於人心者也。《莊子。知北遊》：「夫昭昭生於冥冥，有倫生於無形，精神生於道，形本生於精，而萬物以形相生……邀於此者，四肢強，思慮恂達，耳目聰明，其用心不勞，其應物無方。」昭昭生於冥冥，就像「太極者，無極而生」一樣，「全身透空」的有倫，生於「無形無象」的無極。太極，其體「全身透空」，這空，並非什麼都沒有，太極的「全身透空」，就像是數字的零：0=0+0，0=1+（−1），0=2+（−2）…乃至0=8+（−8）。零的內涵如此的豐富，可謂「至大無外，至小無內」者也。其用於人身，精神由此而生，形質由此而就，順應此道，則四肢強健，思慮通達，耳聰目明。最後，卻又能無須勞心勞神，不拘定規，便能順應外物的陰陽變化，處處合乎外物自身發展規律。此太極用於人身的神明境界也。

後文的「西山懸磬，虎吼猿鳴，泉清河靜，翻江播海」四句，是從聲與波、風與水的角度，來摹狀太極一氣流行的四種不同的狀態。究其實，是以少陽、老陽、少陰、老陰四象，來闡述太極的陰陽生息變化。

陰陽，簡而言之，就是日、月對於世事萬物的作用力。陽，是太陽，是太陽給予我們的能量。古人認為，太陽的能量，是以風的形式作用於我們。陰，是月亮，月亮對我們身體的影響，是由水的形式來發揮作用的。譬如潮汐、體液等，都與月亮相關。風、聲都與太陽有關。古人講「風水」，其實就是講陰陽兩種能量對我們的作用。

此則四字八句，從無極生太極，太極生二儀，二儀生四象，到「復初歸元，保合太和」，「窮理盡性以至於命」，「盡性立命」，儼然是技進乎道的境界。

④西山懸磬：此本與吳圖南「清初本」、王新午本皆如是；陳耀庭藏本、馬振華藏本、李先五本皆作「西山懸罄」；梅墨生抄本作「西山懸磬罄」，衍罄字。

二水按：磬：樂石。《說文》曰：樂石也。從石殸。象懸虡之形。殳，擊之也。古者母句氏作磬。西山，西，五行屬金，四季於秋。范純仁《和象之石磬》詩云：「誰向西山選翠琳，中含太古自然音」「清越乍敲修竹裡，堅方眞合哲人心」，此氣之形質，與後句的「虎吼猿鳴」宜作銖黍毫釐之辨析。劉長卿詩有「虎嘯崖谷寒，猿鳴杉松暮」，約莫能得「虎吼猿鳴」之韻味。屬陽的兩氣，其一清越堅銳，其一蒼勁雄渾，在拳勢中悉心體悟，定有所得矣。

虎吼猿鳴　泉清河靜①
翻江播海②　盡性立命③

【注釋】

①泉清河靜：此本與吳圖南「清初本」皆如是；馬振華藏本作「水清河婧」；陳耀庭藏本、王新午本、李先五本、梅墨生抄本皆作「水清河靜」。

②翻江播海：此本、陳耀庭藏本、吳圖南「清初本」、梅墨生抄本、李先五本皆如是；馬振華藏本作「翻江攪海」；王新午本作「翻江倒海」。

二水按：上句之「泉清河靜」與此句之「翻江播海」，從「泉、河、江、海」水的四種不同形態，來摹狀屬陰的兩氣截然不同的氣質。《孫子·九地》「踐墨隨敵，以決戰事。是故，始如處女，敵人開戶，後如脫兔，敵不及拒」；《孫子·軍爭》「其疾如風，其徐如林。侵掠如，不動如山。難知如陰，動如雷震」；《吳越春秋·勾踐陰謀外傳》「內實精神，外示安儀。見之似好婦，奪之似懼虎。布形候氣，與神俱往。杳之若日，偏如滕兔。追形逐影，光若佛彷」等等，都是對這兩種氣質的生動描述。

③盡性立命：陳耀庭藏本在「盡性立命」之後，衍「此」字。盡性立命，語出嘉定七年（一二一四年）狀元郎袁甫的《蒙齋中庸講義》：「禮樂之道，與性命通，性命雖人之所同，而能盡性立命者幾何人哉？不能盡性立命，則於禮樂乎何有？」袁甫理學，源出九淵心學一脈。

二水按：性命學說，一本《周易。說卦》「順於道德，而理於義，窮理盡性，以至於命」，《中庸》、《孟子》多加闡述。《孟子。盡心上》云：「盡其心者，知其性也。知其性，則知天矣。存其心，養其性，所以事天也。夭壽不二，修身以俟之，所以立命也」；《孟子。盡心下》云：「口之於味也，目之於色也，耳之於聲也，鼻之於臭也，四肢之於安佚也，性也，有命焉，君子不謂性也。仁之於父子也，義之於君臣也，禮之於賓主也，智之於賢者也，聖人之於天道也，命也，有性焉，君子不謂命也」；後世儒學者，對孟子的性命學說，多有自己的不同解說，以至於影響了各個不同層面的受衆群體，最終，性命學說成為儒釋道三家共同追尋的人格內修價值體系。此譜，將「盡性立命」作為太極拳最終追求的目標，將性命學說，作為習練者人格自我完善的價值體系，較之武禹襄婉約的「氣以直養而無害，勁以曲蓄而有餘。漸至物來順應，是亦知止能得矣」，更進了一步；又與《太極法說》「能如是，表裡精粗無不到，豁然貫通，希賢希聖之功，自臻於『曰睿曰智，乃聖乃神』，所謂『盡性立命，窮神達化』，在茲矣，然天道人道一誠而已矣。」一脈相承。

此歌予七人皆知其句，後予七人同往武當山，欲拜夫子李先師，不遂①。道經玉虛宮，在太和山元高之地②，遇③玉虛子張三豐④也。

【注釋】

①後予七人同往武當山……不遂：此節文字，陳耀庭藏本、吳圖南「清初本」、馬振華藏本、梅墨生抄本皆作「後予七人同往拜武當山夫子李先師，不見」，唯梅墨生抄本將「予」作「余」，下文「予」也作「余」。只是此「余」與後文「月餘歸」之「餘」，在簡體字流行前，非同一字體，可待細辨。

②元高之地：所見諸本皆如是。二水以為元高之地，或係「至高之地」之誤。《黃帝內經·素問·六元正紀大論》篇云：「冬氣始於後，夏氣始於前……故至高之地，冬氣常在，至下之地，春氣常在。必謹察之。」《伊川易傳》下經傳卷之五，釋「明夷」上六曰：「上居卦之終，為明夷之主，又為明夷之極上至高之地，明在至高，本當遠照，既夷傷，故不明而反昏晦也。」鄭玄釋明夷云：「夷，傷也，日出地上，其明乃光，至其入地，明則傷矣，故謂之明夷。」

二水按：至高之地，明夷之所，傷明也！此或影射民間傳聞附會張三豐救建文帝事。武當山最高峰，是海拔一六一二公尺的天柱峰。據任自垣《敕建大岳太和山志》卷六載，張三豐自洪武二十三年（一三九〇年），拂袖長往，不知所止。而靖難之役，建文帝蒙難，明成祖篡位是在一三九九年至一四〇二年間，其時，張三豐已離開武當山十年餘。所見諸本，將「至高之地」，誤作「元高之地」，可待深究。或可由此推知，追溯諸本各自其摹本，或係出同一「祖本」，而此「祖本」帶有「元高之地」的「基因」，顯非原始文本。

今武當山至高之地，則是永樂十四年（一四一六年）建於天柱峰頂的金殿。另，玉虛宮全稱「玄天玉虛宮」，道教稱玉虛係玉帝的居處。玄天眞武，有「玉虛師相」，因故，玉虛宮成了武當山建築群中最大的宮殿之一。由永樂大帝敕修，永樂十一年八月，敕名玉虛宮。所以「道經玉虛宮」與「至高之地」一樣，捉刀者犯了今人拍歷史題材電視劇所常有的違反歷史常識的錯誤。玉虛二字，既以眞武大帝「玉虛師相」而得名，後文的「玉虛子」名號，顯然不會是仙尊自呼之名號。倘若仙尊自號「玉虛子」，顯然不符合仙尊「凡吐詞發語，專以道德仁義忠孝為本，並無虛誕禍福欺誑人」的品德。

③遇：此本如是；他本皆作「見」。

④張三豐：此本、陳耀庭藏本皆作「張三峯」；梅墨生抄本作「張三豐」；馬振華藏本作「張三豐老師」；吳圖南「清初本」作「張三峰」。

二水按：古漢語中丰、豐不同字，丯、豐亦不同字。民國初年開始推行漢字簡化時，丰、丯、豐三字皆一併簡化成「丰」字。所以，誤張三豐作「張三峯」，可證係五四新文化運動後的印跡。就像齊雲山的「張三峯之墓」一樣，顯然都是簡體後，又刻意繁體所導致的錯訛。

中國傳統文化裡，張三豐無疑是最有魅力的一位仙尊之一。從可資稽考的圖集中得鑒，此仙尊亦神龍見首不見尾者。其弟子丘玄清於洪武十八年（一三八五年）被朱元璋授予嘉議大夫太常寺卿。洪武二十三年（一三九〇年），仙尊已拂袖長往，不知所止了。洪武二十四年（一三九一年），朱元璋遣三山高道，使於四方，清理道教，說：「見到有叫張玄玄的，可請來見我。」仙尊自是沒理會他。永樂十年（一四一二年），明成祖朱棣御制詔書，敬奉眞仙張三豐足下，「久慕眞仙，渴思親承儀範」「朕才資疏庸，德行菲薄，而至誠原見之心，夙夜不忘」；數度遣使，遍詣名山致香奉書虔請，「拱候雲車鳳駕，惠然來臨」云云，而「道德高尚，超乎萬有，體合自然，神妙莫測」的仙尊張三豐，就是不搭理他。明成祖又敕令從華山找回曾被朱元璋譬作「雖時代不同，朕便是軒轅，爾便是廣成子」的道士孫碧雲，去「眞仙張三豐老師」馭鶴所遊的武當山，創建道場。數朝皇帝，發願找尋眞仙，且啓動國家工程，大建道觀宮殿，這一舉動，一定會引發群體膜拜效應。

於是乎，各地有關張三豐的仙跡紛湧，而道德高尚的張三豐，始終跡駐黃鶴，渺無影蹤。張三豐籍貫衆說紛紜，寶雞說、沙陀說、懿州說、遼陽說、遼東說、閩縣說、羊城說、天目說、平陽說、黃平說、金陵說，不一而足。張三豐所處年代也各有其說，有劉宋說、宋元說、元明說，甚至明中晚期，乃至民國年間或有仙蹤可稽。

近年來，隨著傳統文化的復興，作為對一種文化現象的研究，成立了張三豐歷史文化研討會，各大院校研究機構，都有大量的人力物力投入其中。有人主張以「張三豐太極拳」作為非物質文化申遺的課題；張三豐籍貫「邵武說」風頭正勁。但無論如何，眞仙本尊，蹤跡秘幻，莫可測識，「其能震動天子，絕非妄誕取寵者所可幾者」。詳見附件。

此張松溪、張翠山師也。身長七尺有餘①，美髯如戟②，寒暑惟一箬笠③，日能行千里遠④。自洪武初年⑤，至太和山修煉。予七人同⑥拜之，耳⑦提面命，月餘⑧歸。自此不絕其⑨往拜。

玉虛子所傳，惟張松溪、張翠山。拳名十三勢⑩，亦太極之別名也⑪，又名長拳。

【注釋】

①身長七尺有餘：可參校李白「長不滿七尺」、許宣平「身長七尺六」，推知張三豐身高。

②美髯如戟：此本與吳圖南「清初本」皆如是；馬振華藏本作「美如戟」，疑有脫字；陳耀庭藏本作「鬚髯如戟」；梅墨生抄本作「鬚美如戟」。

③寒暑惟一箬笠：此本與吳圖南「清初本」皆如是；陳耀庭藏本作「寒暑惟一簑篛」；馬振華藏本作「寒暑為一笞笠」；梅墨生抄本為「寒暑為箬笠」。

④日能行千里遠：此本、陳耀庭藏本、吳圖南「清初本」皆如是；馬振華藏本作「能行千里遠」；梅墨生抄本作「日能行千里」。

二水按：有關張三豐的仙尊形象，古籍可稽考者，最早見諸宣德六年（一四三二年）刊行的《敕修大岳太和山志》載：「張全弌，字玄玄，號三豐……丰姿魁偉，龜形鶴骨，大耳圓目，鬚髯如戟，頂上作一髻，手中執一方尺，身披一衲，自無寒暑……興來穿山走石，倦時鋪雲臥雪，行無常行，住無常住，人皆異之，咸以神仙中人也……」成書於天順五年（一四六一年）的《大明一統志》將「丰姿魁偉」數位化作「身長七尺」，將「身披一衲，自無寒暑」簡化為「寒暑惟一箬笠」，將「興來穿山走石，倦時鋪雲臥雪，行無常行，住無常住」演進為「日行千里，靜則瞑目」的傳說。

⑤初年：陳耀庭藏本作「初」。

⑥同：陳耀庭藏本、吳圖南「清初本」、馬振華藏本、梅墨生抄本皆作「共」，唯此本如是。

⑦耳：唯馬振華藏本誤作「山」。

⑧餘：此本、陳耀庭藏本、吳圖南「清初本」、馬振華藏本此「餘」皆作繁體「餘」；而梅墨生抄本皆作簡體「余」。另，陳耀庭藏本、吳圖南「清初本」、馬振華藏本、梅墨生抄本在「餘」字後，都有一「後」字。梅墨生抄本此「后」也為簡體。

⑨其：唯梅墨生抄本脫「其」字，他本皆有之。

⑩勢：此本如是；他本皆作「式」。

⑪亦太極之別名也：此本、陳耀庭藏本、吳圖南「清初本」皆如是；馬振華藏本作「亦有太極功之別名」；梅墨生抄本作「亦太極功別名也」；馬振華藏本無後續文字。詳見附件。

二水按：陳耀庭藏本中，「玉虛子所傳，惟張松溪、張翠山。拳名十三式，亦太極功之別名也，又名長拳」之後，便是「長拳者，如長江大海，滔滔不絕」至「進退顧盼定，即金木水火土也」整節的十三式說略，之後便是下一節的「十三式名目」，編排較諸本更為合理。

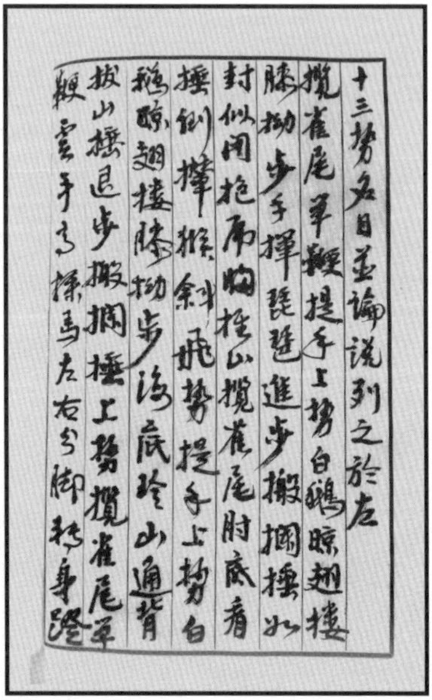

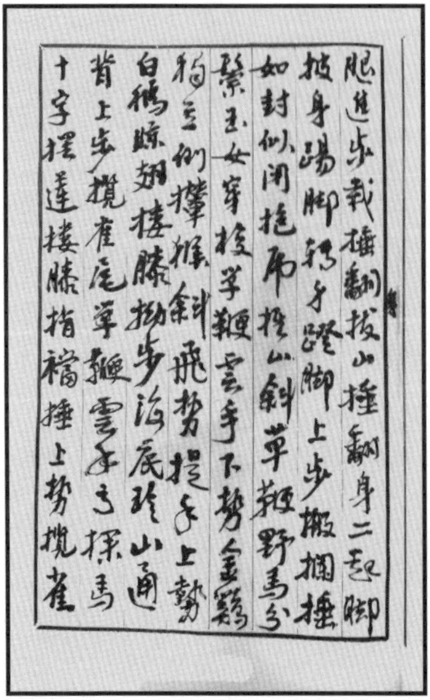

十三勢名目並論說列之於左①：

攬雀尾　單鞭　提手上勢　白鵝晾翅　摟膝拗步　手揮琵琶　進步搬攔捶　如封似閉　抱虎推②山　攬雀尾　肘底看捶③　倒攆猴　斜飛勢　提手上勢　白鵝晾翅　摟膝拗步　海底珍　山通背④　拔山捶⑤　退步⑥搬攔捶　上勢攬雀尾　單鞭　雲手　高探馬　左右分腳　轉身蹬腿　進步栽捶

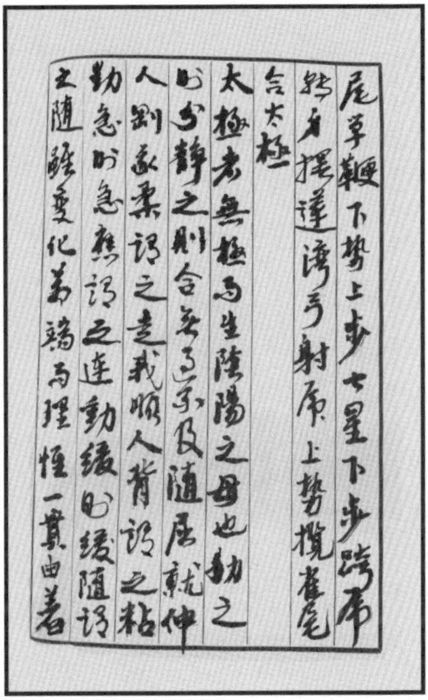
尾單鞭下勢上步七星下步跨虎
轉身擺蓮灣弓射虎上勢攬雀尾
合太極
太極者無極而生陰陽之母也動之
則分靜之則合無過不及隨屈就伸
人剛我柔謂之走我順人背謂之粘
動急則急應動緩則緩隨謂
之隨雖變化萬端而理唯一貫由着

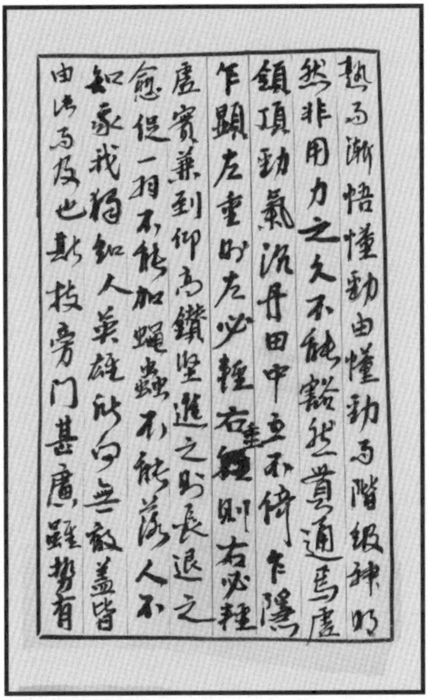
熟而漸悟懂勁由懂勁而階級神明
然非用力之久不能豁然貫通焉虛
領頂勁氣沉丹田不偏不倚乍隱
乍顯左重則左必輕右重則右必輕
虛實兼到仰高鑽堅進之則長退之
愈促一羽不能加蠅蟲不能落人不
知我我獨知人英雄所向無敵蓋皆
由此而及也斯技旁門甚廣雖勢有

翻拔山捶⑦　翻身二起腳⑧　披身踢腳　轉身蹬腳　上步搬攔捶　如封似閉　抱虎推山　斜單鞭　野馬分鬃⑨　玉女穿梭　單鞭　雲手下勢⑩　金雞獨立　倒攆猴　斜飛勢　提手上勢　白鵝晾翅　摟膝拗步　海底珍山通背⑪　上步⑫攬雀尾　單鞭　雲手　高探馬　十字擺蓮⑬　摟膝指襠⑭捶　上勢攬雀尾　單鞭　下勢　上步七星　下步跨虎　轉身擺蓮⑮　彎⑯弓射虎　上勢攬雀尾　合太極⑰

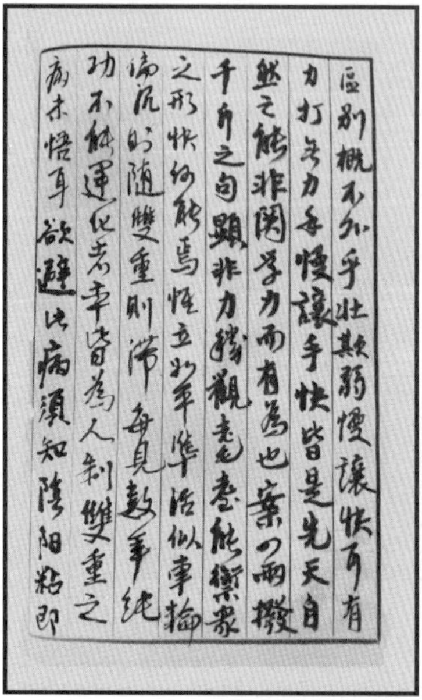
區別概不外乎壯欺弱慢讓快有力打無力手慢讓手快皆是先天自然之能非關學力而有為也察四兩撥千斤之句顯非力勝觀耄耋能禦眾之形快何能為立如平準活似車輪偏沉則隨雙重則滯每見數年純功不能運化者率皆為人制雙重之病未悟耳欲避此病須知陰陽粘即

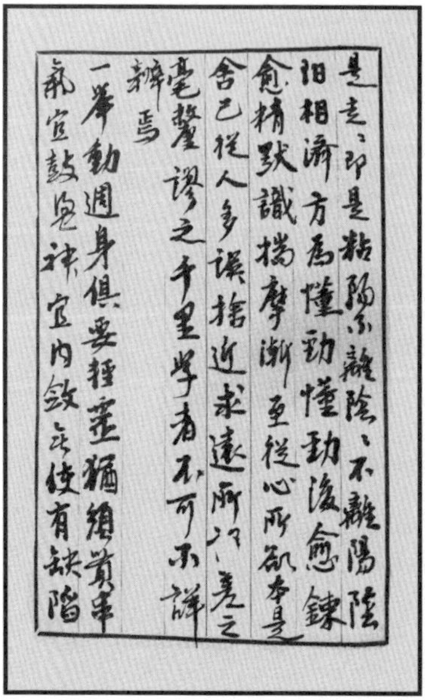
是走走即是粘陽不離陰陰不離陽陰陽相濟方為懂勁懂勁後愈練愈精默識揣摩漸至從心所欲本是舍己從人多誤捨近求遠所謂差之毫釐謬之千里學者不可不詳辨焉

一舉動週身俱要輕靈猶須貫串氣宜鼓盪神宜內斂無使有缺陷

【注釋】

①十三勢名目並論說列之於左：此本如是。吳圖南「清初本」、梅墨生抄本皆將「勢」作「式」，將「左」作「後」，另梅本後字作簡體。梅本此句文字後，直接接程靈洗支派，卻不見了十三勢名目並論說列。陳耀庭藏本此節文字，緊接在十三勢說略「進退顧盼定，即金木水火土也」句之後，作「十三式名目列後」。

②推：諸本皆如是，唯獨陳耀庭藏本作「歸」。後同，不另注。

③捶：此本如是；陳耀庭藏本作「錘」。吳圖南「清初本」作「拳」。

④山通背：諸本皆如是，唯獨陳耀庭藏本作「扇通背」。

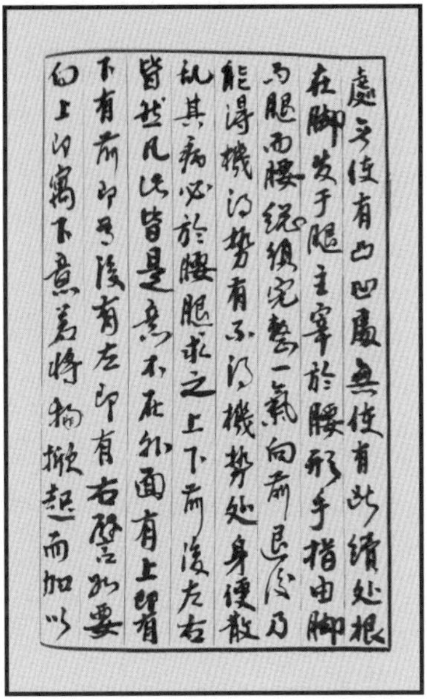
處不使有凸凹處無使有斷續處根
在腳發于腿主宰於腰形於手指由腳
而腿而腰總須完整一氣向前退後乃
能得機得勢有不得機勢處身便散
亂其病必於腰腿求之上下前後左右
皆然凡此皆是意不在外面有上即有
下有前即有後有左即有右如意要
向上即寓下意若將物掀起而加以

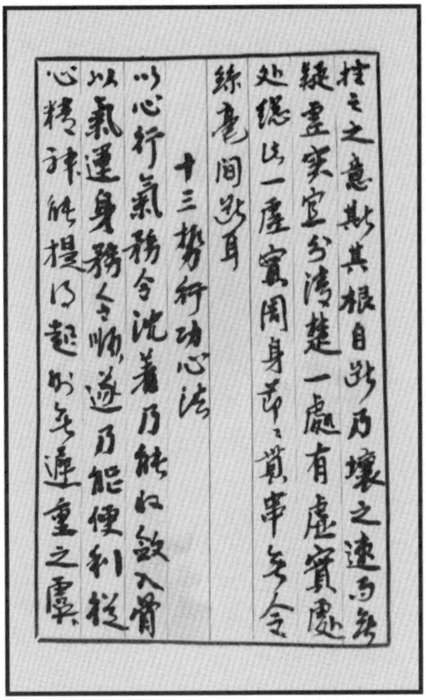
挫之之意斯其根自斷乃壞之速而無
疑虛實宜分清楚一處有一處虛實處
處總此一虛實周身節節貫串無令
絲毫間斷耳

十三勢行功心法

以心行氣務令沉着乃能收斂入骨
以氣運身務令順遂乃能便利從
心精神能提得起則無遲重之虞

⑤拔山捶：諸本如是，唯獨陳耀庭藏本作「撇身捶」。「披身」兩字的行草，與「拔山」近，或由此而誤抄所致。

⑥退步：諸本如是，唯陳耀庭藏本作「卸步」。

⑦翻拔山捶：此本如是，「翻」字後疑脫「身」字；吳圖南「清初本」作「翻身撥山捶」，一「撥」、一「拔」，含義不同，在繁體字裡，字形也截然不同；陳耀庭藏本作「翻身撇身捶」。後同，不另注。

⑧翻身二起腳：諸本如是；陳耀庭藏本作「二起腳」。

⑨鬃：此本、陳耀庭藏本皆如是；吳圖南「清初本」作「宗」。

⑩下勢：諸本皆如是；陳耀庭藏本脫

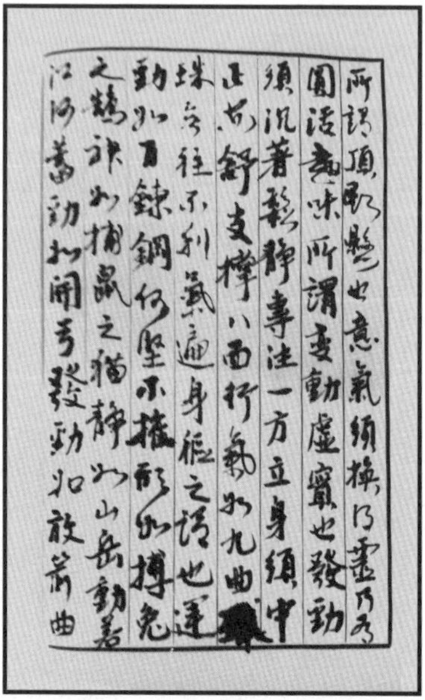
所謂頂頭懸也意氣須換得靈乃有
圓活之趣所謂變動虛實也發勁
須沉著鬆靜專注一方立身須中
正安舒支撐八面行氣如九曲
珠無往不利氣遍身軀之謂也運
勁如百鍊鋼何堅不摧形如搏兔
之鵠神如捕鼠之貓靜如山岳動若
江河蓄勁如開弓發勁如放箭曲

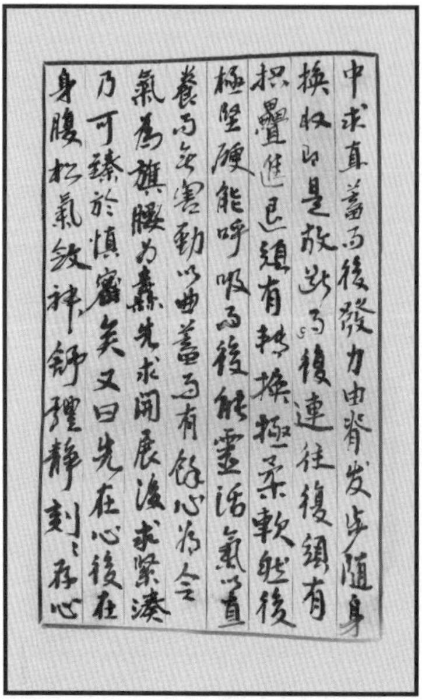
中求直蓄而後發力由脊發步隨身
換收即是放斷而復連往復須有
摺疊進退須有轉換極柔軟然後
極堅硬能呼吸而後能靈活氣以直
養而無害勁以曲蓄而有餘心為令
氣為旗腰為纛先求開展後求緊湊
乃可臻於縝密矣又曰先在心後在
身腹鬆氣斂神舒體靜刻刻存心

「下勢」兩字。

⑪山通背：諸本皆如是；唯獨陳耀庭藏本作「肩通背」。「扇」與「肩」在行草手寫體中極易混淆，陳耀庭藏本兩處之中也寫法各異。

⑫步：此本如是；陳耀庭藏本、吳圖南「清初本」作「勢」。

⑬蓮：此本、陳耀庭藏本如是；吳圖南「清初本」作「連」。

⑭襠：此本、陳耀庭藏本如是；吳圖南「清初本」作。

⑮轉身擺蓮：此本如是；陳耀庭藏本作「轉腳擺蓮」；吳圖南「清初本」作「轉身擺連」。

⑯灣：此本、吳圖南「清初本」皆如

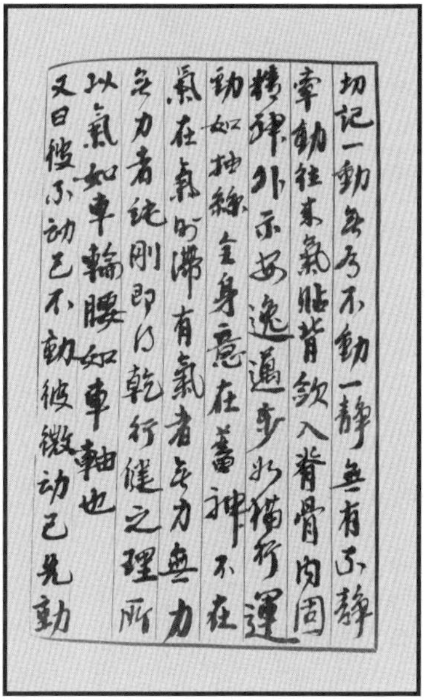
切記一動無有不動一靜無有不靜
牽動往來氣貼背斂入脊骨內固
精神外示安逸邁步如貓行運
動如抽絲全身意在蓄神不在
氣在氣則滯有氣者無力無力
無力者純剛即乃乾行健之理所
以氣如車輪腰如車軸也
又曰彼不動己不動彼微動己先動

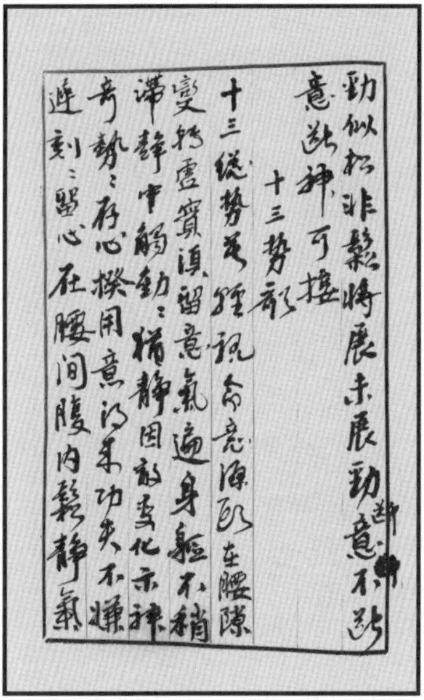
勁似松非鬆將展未展勁斷意不斷
意斷神可接
十三勢說
十三總勢莫輕視命意源頭在腰隙
變轉虛實須留意氣遍身軀不稍
滯靜中觸動動猶靜因敵變化示神
奇勢勢存心揆用意得來功夫不顯
遲刻刻留心在腰間腹內鬆靜氣

是，且皆為簡體字；陳耀庭藏本作「彎」，係繁體。

⑰合太極：此本、吳圖南「清初本」皆如是。

太極者，無極而生，陰陽之母也。動之則分，靜之則合。無過不及，隨屈就伸。人剛我柔，謂之走；我順人背，謂之粘。動急則急應，動緩則緩隨，謂之隨①。雖變化萬端，而理惟一貫：由着熟而漸悟懂勁，由懂勁而階級神明。然非用力之久，不能豁然貫通焉。

虛領頂勁②，氣沉丹田。中立不

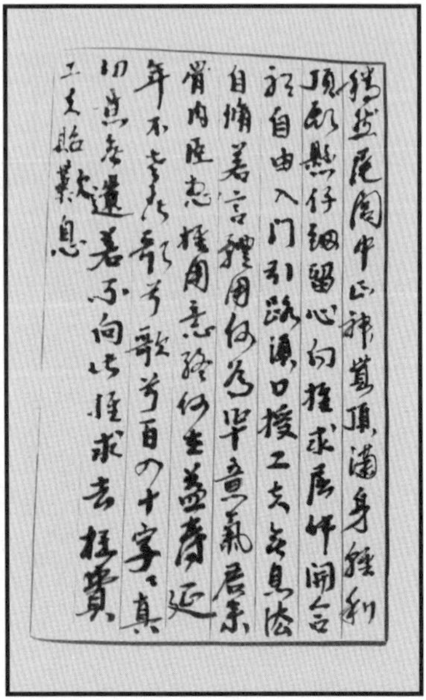

倚③，乍隱乍顯④。左重則左必輕，右重則右必輕⑤。虛實兼到，仰高鑽堅⑥。進之則長，退之愈促⑦。一羽不能加，蠅蟲不能落。人不知我，我獨知人。英雄所向無敵，蓋皆由此而及也。

【注釋】

①動急則急應……謂之隨：此本與吳圖南「清初本」皆如是。此兩「謂之」，為李亦畬《王宗岳太極拳論》（郝和珍藏）本所無。

②虛領頂勁：吳圖南「清初本」作「勁頂」，或係抄寫脫字。

③中立不倚：此本與吳圖南「清初本」皆如是。李亦畬《王宗岳太極拳論》（郝和珍藏）本作「不偏不倚」。

④乍隱乍顯：此本與吳圖南「清初本」皆如是。李亦畬《王宗岳太極拳論》（郝和珍

藏）本作「忽隱忽現」。

⑤左重則左必輕，右重則右必輕：此本如是，吳圖南「清初本」作「左重則左右輕，右重則左必輕」。李亦畬《王宗岳太極拳論》（郝和珍藏）本作「左重則左虛，右重則右杳」。

⑥虛實兼到，仰高鑽堅：此本與吳圖南「清初本」皆如是。李亦畬《王宗岳太極拳論》（郝和珍藏）本作「仰之則彌高，俯之則彌深」。《說文》云：「所以穿也」，凡深入者，皆用鑽。「仰高鑽堅」，或「仰之則彌高，俯之則彌深」，連同後文的「進之則長，退之愈促」，語式文辭，悉從《論語。子罕》：「仰之彌高，鑽之彌堅，瞻之在前，忽焉在後」句化出。

⑦進之則長，退之愈促：此本與吳圖南「清初本」皆如是。李亦畬《王宗岳太極拳論》（郝和珍藏）本作「進之則愈長，退之則愈促」。

斯技旁門甚廣①，雖勢有區別，概不外乎壯欺弱，慢讓快耳。有力打無力，手慢讓手快，皆是先天自然之能，非關學力而有為也。案②四兩撥千斤之句，顯非力勝，觀耄耋能禦眾之形，快何能焉③？

【注釋】

①廣：此本與吳圖南「清初本」皆如是。李亦畬《王宗岳太極拳論》（郝和珍藏）本作「多」。

②案：此本如是；他本皆作「察」。

③焉：此本如是；吳圖南「清初本」作「也」；李亦畬《王宗岳太極拳論》（郝和珍藏）本作「為」。

惟立如平準，活似車輪。偏沉則隨，雙重則滯。每見數年純功，不能運化者，率皆爲人制①，雙重之病未悟耳。欲避此病，須知陰陽。粘即是走，走即是粘。陽不離陰，陰不離陽②。陰陽相濟，方爲③懂勁。懂勁後，愈鍊愈精，默識揣摩，漸至從心所欲。本是捨己從人，多誤捨近求遠。所謂差之毫釐，謬之千里。學者不可不詳辨焉。

【注釋】

①率皆為人制：此本如是；他本皆作「率皆自為人制」。

②陽不離陰，陰不離陽：此本如是；吳圖南「清初本」作「陰不離陽，陽不離陰」，與武禹襄贈貽楊家後諸抄本同。

③為：此本如是；吳圖南「清初本」作「是」。

二水按：此節拳論自武禹襄昆仲得諸舞陽鹽店的王宗岳《太極拳論》化出，文辭稍有出入，多係傳抄誤植或率意竄益所致。陳耀庭藏本不載此論。

一舉動，週身俱要輕靈，猶須貫串①。氣宜鼓蕩，神宜內斂。無使有缺陷處，無使有凸凹處，無使有斷續處。

根在腳②，發於腿，主宰於腰，形於手指③。由腳而腿而腰，總須完整一氣，向前退後，乃能④得機得勢。有不得機勢⑤處，身便散亂，其病必於腰腿求之。上下前後左右皆然。

【注釋】

①一舉動……猶須貫串：此節文辭，此本、陳耀庭藏本、吳圖南「清初本」皆以此十三字起首。陳耀庭藏本標題簽「太極拳論」，「周身」誤作「用身」。

二水按：武禹襄將得自舞陽鹽店王宗岳《太極拳論》，並加自己講論之後，贈貽楊家。楊家傳抄者在武禹襄「又曰」中「每一動，惟手先著力，隨即鬆開，猶須貫串，不外起承轉合。始而意動，既而勁動，轉接要一線串成」三十九字，文飾而成「一舉動，周身俱要輕靈，猶須貫串」十三字。武澄清於咸豐二年（一八五二年）得中咸豐壬子章鍙榜恩科進士，甲寅年（一八五四年）補舞陽知縣。時年，武禹襄奉母命赴舞陽省兄，從舞陽某鹽店得王宗岳《太極拳論》。而武禹襄的「又曰」，是在他研讀王宗岳《太極拳論》基礎上的心得，所以，此心得一定是在一八五四年之後才成文，也一定是在一八五四年之後才贈貽楊家，楊家拳學者也一定是在一八五四年之後，才可能在此基礎上，文飾而成此整節文辭。此已足證吳圖南「清初本」之偽，亦可證此譜捉刀者與楊家的關聯性。

另，陳耀庭藏本將此譜前另列一行，題簽「太極拳論」標題，此節末尾「無令絲毫間斷耳」之後，也另行有「右係武當山張三豐老祖師道論，欲天下豪傑延年益壽，不徒作技藝之末也。此論句句切要，並無一字敷衍陪襯，非有夙慧，不能悟也。先師不肯妄傳，非獨擇人，亦恐枉費工夫耳」等六十九字。

②根在腳：此本與吳圖南「清初本」皆如是；陳耀庭藏本作「其根生於腳」；李亦畬《王宗岳太極拳論》（郝和珍藏）本作「其根在腳」，蓋係脫衍而致。

③形手指：此本作「形手指」，漏一「於」字，當作「形於手指」。

④能：陳耀庭藏本、吳圖南「清初本」皆脫「能」字。

⑤不得機勢：此本、吳圖南「清初本」皆如是；陳耀庭藏本作「不得機得勢」；吳圖南「清初本」「机」字皆簡寫，陳耀庭藏本皆寫作「機」。

凡此皆是意，不在外面①。有上即有下，有前即有後，有左即有右。譬如要向上，即寓下意②。若將物掀起，而加以挫之之意③，斯其根自斷，乃壞之速而無疑。

虛實宜分清楚，一處有虛實④，處處總此一虛實，周身⑤節節貫串，無⑥令絲毫間斷耳。

【注釋】

①不在外面：陳耀庭藏本在「不在外面」句後，尚有「而在內」三字。

②譬如要向上，即寓下意：此本、吳圖南「清初本」皆如是；陳耀庭藏本作「如意要向上，即庽下意」，「庽」同「寓」，寄也，托也。《史記。莊周傳》稱：「著書十餘萬言，大抵率寓言也。」

③若將物掀起，而加以挫之之意：此節文辭，此本、陳耀庭藏本、吳圖南「清初本」皆如是，係武禹襄贈貽楊家後，由楊家傳抄者在武禹襄「又曰」中「若物將掀起，而加以挫之之力」句修改而來。

二水按：「物將掀起」的物，泛指與「我」相對的一切人事物事，未必只是今人概念中的物體之物。《莊子。外篇》載皇帝問道廣成子，廣成子答曰：「至道之精，窈窈冥冥；至道之極，昏昏默默……愼守女身，物將自壯。我守其一以處其和。故我修身千二百歲矣……」「物將自壯」「物來順應」與此節「物將掀起」之「物」意同。倘若將「物將掀起」改作今人語境下的「將物掀起」，則深義隨之缺失。楊家傳抄者在將武禹襄「物將掀起」改作「將物掀起」，可證此拳譜與楊家拳學者之間的關聯性。

④一處有虛實：此本如是；陳耀庭藏本作「一處自有一處虛實變化」；吳圖南「清初

本」作「一處虛實」；武禹襄「又曰」皆作「一處自有一處虛實」。

⑤周身：陳耀庭藏本兩處「周身」皆誤作「用身」。

⑥無：陳耀庭藏本作「勿」。

十三勢行功心法①

以心行氣，務令沉②着，乃能收斂入骨。以氣運身，務令順遂，乃能便利從心。精神能提得起，則無遲重之虞，所謂頂頭懸也。意氣須換得靈，乃有圓活趣味，所謂變動虛實也。發勁須沉③著鬆靜，專注④一方；立身須中正安舒，支撐八面。行氣如九曲珠，無往⑤不利，氣遍身軀之謂也。運勁如百煉鋼，何堅不摧。形如搏兔之鵠，神如捕鼠之貓。靜如山岳，動若⑥江河。蓄勁如開弓，發勁如放箭，曲中求直，蓄而後發。力由脊發，步隨身換，收即是放⑦，斷而復連。往復須有摺疊⑧，進退須有轉換。極柔軟，然後極堅硬；能呼吸，而後能靈活。氣以直養而無害，勁以曲蓄而有餘。心爲令，氣爲旗，腰爲纛。先求開展，後求緊湊，乃可臻於愼密矣。

【注釋】

①十三勢行功心法：此本如是；吳圖南「清初本」中「勢」字作「式」；陳耀庭藏本題作「十三式行功心解」，列在「十三式行功歌訣」（此本、吳圖南「清初本」呼作「十三勢歌」）之後，次序也較此本、吳圖南「清初本」更為合理。

二水按：此節文辭，係據武禹襄贈貽楊家後，楊家拳學者據「打手要言」（啓軒本作「十三勢行工歌解」）、解曰、又曰等文辭內容而改寫。此亦足證「清初本」之偽。陳微明《太極拳術》收錄此篇。

②沈：此本、陳耀庭藏本皆作「沈」；吳圖南「清初本」作「沉」。沈：音ㄔㄣˊ，同「沉」。

③沉：此本、吳圖南「清初本」皆作「沉」；唯獨陳耀庭藏本作「沈」。

④專注：此本、陳耀庭藏本作「專注」；吳圖南「清初本」作「專主」。

⑤往：此本、吳圖南「清初本」皆如是；唯陳耀庭藏本作「微」。
⑥若：此本如是；陳耀庭藏本、吳圖南「清初本」皆作「似」。
⑦收即是放：陳耀庭藏本在「收即是放」後，尚有「放即是收」句。
⑧抧疊：此本、吳圖南「清初本」如是；陳耀庭藏本作「摺疊」。

又曰：先在心，後在身，腹鬆氣斂①，神舒體②靜，刻刻存③心。切記：一動無有不動，一靜無有④不靜。牽動往來氣貼背，斂入脊骨。內固精神，外示安逸。邁步如貓行，運勁如抽絲。全身意在蓄神⑤，不在氣，在氣則滯。有氣者無力無力⑥，無力者純剛，即得乾行健之理⑦。所以氣如車輪，腰如車軸也⑧。

又曰：彼不動，己不動，彼微動，己先動。勁似鬆非鬆，將展未展，勁斷意不斷，意斷神可接⑨。

【注釋】

①腹鬆氣斂：此本、吳圖南「清初本」如是；陳耀庭藏本作「腹鬆靜，氣斂入骨」。

②體：此本、陳耀庭藏本此處及上文「全體發之於毛」、下文「若言體用何為準」之「體」皆作繁體「體」；吳圖南「清初本」此三處皆作簡體「体」。

二水按：古漢語中，体、體係兩個不同的字。《集韻》：体，部本切，盆上聲。劣也。又粗貌，與笨同。如「体夫」，特指抬運靈柩之人。而「體」字，從骨豊聲。以「体」代「體」，則是一個全新的會意字，充分體現了「西學東漸」以來，西方「以人為本」的理念。此亦足證「清初本」之偽。

③存：此本如是；陳耀庭藏本、吳圖南「清初本」皆作「在」。

④有：陳耀庭藏本脫「有」字。

⑤蓄神：此本、吳圖南「清初本」皆如是；唯陳耀庭藏本作「精神」。

⑥有氣者無力無力：此本如是，衍「無力」兩字；吳圖南「清初本」則作「有氣者無力，有力者無氣」；陳耀庭藏本作「有氣者無力，無氣者純剛」。「無氣」之「氣」係抄寫遺漏後，用小字補入。

⑦即得乾行健之理：此本與吳圖南「清初本」皆如是；陳耀庭藏本無此句；武禹襄贈貽楊家本也無此句。乾行健，文辭從《周易》乾卦：「象曰：天行健，君子以自強不息」句略出。

⑧所以氣如車輪，腰如車軸也：此本與吳圖南「清初本」皆如是；陳耀庭藏本作「氣似車輪，腰如車軸」。

⑨又曰……意斷神可接：此則「又曰」，此本有之，而武禹襄贈貽楊家諸本皆有之。唯此本竄益「意斷神可接」句。吳圖南「清初本」在後文《打手歌》後載之；陳耀庭藏本載於後文《打手歌》後的第二則「又曰」中，「勁斷意不斷」後，竄益「動轉挪移走」句。

十三勢歌①

十三總勢②莫輕視，命意源頭在腰隙。
變轉虛實須留意，氣遍身軀不稍滯③。
靜中觸動動猶靜，因敵變化示④神奇。
勢勢存⑤心揆用意，得來功夫不嫌遲⑥。
刻刻留心在腰間，腹內鬆靜氣騰然。

【注釋】

①十三勢歌：此本與吳圖南「清初本」皆如是；陳耀庭藏本題作「十三式行功歌訣」，排次在前文「一舉動，周身俱要輕靈，猶須貫串」十三字起首的《太極拳論》後面的「右係武當山張三豐老祖師道論」六十九字附言之後。

②勢：此本如是；陳耀庭藏本、吳圖南「清初本」皆作「式」。

③滯：此本、陳耀庭藏本如是；吳圖南「清初本」作「癡」。

④示：此本、陳耀庭藏本如是；吳圖南「清初本」作「是」。

⑤存：此本、陳耀庭藏本如是；吳圖南「清初本」作「留」。

⑥得來功夫不嫌遲：此本如是；吳圖南「清初本」作「得來功夫不顯遲」；陳耀庭藏本作「得來全不費工時」；楊家的傳抄本、李亦畬《王宗岳太極拳論》（郝和珍藏）本、皆作「得來不覺費工夫」。

尾閭中正①神貫②頂，滿身輕利頂頭懸。

仔細③留心向推求，屈伸開合聽自由。

入門引路須口授，工夫無息法自修④。
若言體用何爲準，意氣君來⑤骨肉臣。
想⑥推用意終何在，益壽延年不老春。
歌兮歌兮⑦百四十，字字眞切意無遺。
若不向此推求去，枉費工夫貽歎息⑧。

【注釋】

①中正：此本如是；陳耀庭藏本、吴圖南「清初本」作「正中」。
②貫：此本、陳耀庭藏本如是；吴圖南「清初本」作「冠」。
③仔細：此本、吴圖南「清初本」皆如是；陳耀庭藏本作「子細」。子細，有「仔細」意，另有「底細」「分明」之意。唐詩有「煙霞子細，泉石分明」句。
④修：此本如是；陳耀庭藏本、吴圖南「清初本」作「休」。
⑤來：此本、吴圖南「清初本」如是；陳耀庭藏本作「兮」。
⑥想：此本、吴圖南「清初本」如是；陳耀庭藏本作「詳」。

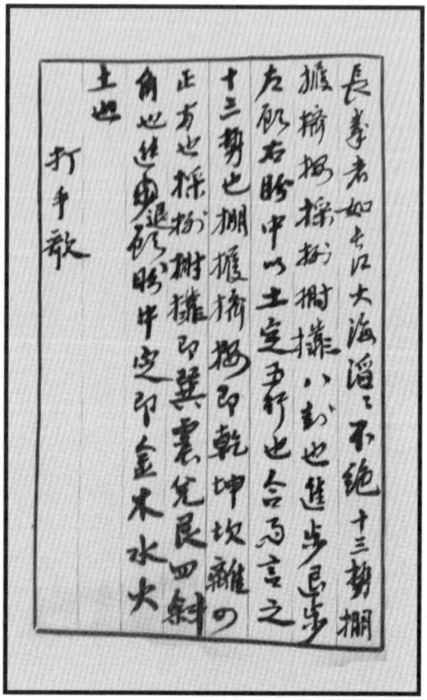
長拳者如長江大海滔滔不絕 十三勢 掤
攦擠按採挒肘靠八卦也進步退步
左顧右盼中以土定五行也合而言之
十三勢也掤攦擠按即乾坤坎離四
正方也採挒肘靠即巽震兌艮四斜
角也進退顧盼中定即金木水火
土也
打手歌

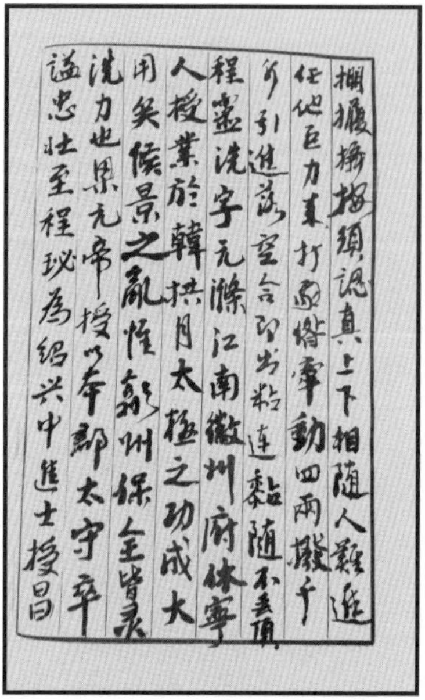
掤攦擠按須認真上下相隨人難進
任他巨力來打我牽動四兩撥千
斤引進落空合即出粘連黏隨不丟頂
程靈洗字元滌江南徽州府休寧
人授業於韓拱月太極之功成大
用矣侯景之亂惟歙州保全皆表
洗力也梁元帝授以本郡太守卒
謚忠壯至程珌為紹興中進士授昌

⑦ 歌兮歌兮：此本、陳耀庭藏本如是；吳圖南「清初本」作「歌歌歌歌」，蓋傳抄時誤將「兮」字，看作是手抄慣用的重疊字速簡之「々」字。

⑧ 若不向此推求去，枉費工夫貽歎息：陳耀庭藏本脫此二句。

長拳者，如長江大海，滔滔不絕。

十三勢①：掤②攦擠按採挒肘靠③，八卦也。進步、退步、左顧、右盼、中以土定④，五行也⑤。合而言之，十三勢也⑥。

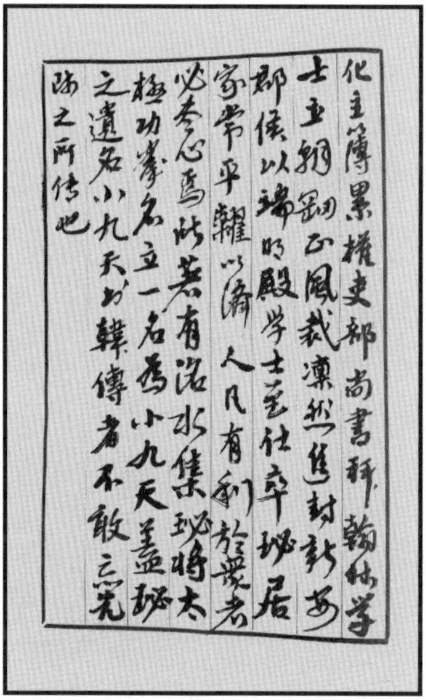

化主簿累權吏部尚書拜翰林学
士至銅劍正風裁凜然進封新安
郡侯以端明殿学士致仕卒諡居
家常平糶以濟人凡有利於衆者
必盡心焉晚善有洛水集秘將太
極功拳名立一名為小九天蓋秘
之遺名小九天於韓傳者不敢云究
跡之所傳也

【注釋】

①十三勢：此本、吳圖南「清初本」皆如是；陳耀庭藏本作「十三式者」。「長拳者」起，整節文字，陳耀庭藏本置於前文「玉虛子所傳，惟張松溪、張翠山。拳名十三式，亦太極功之別名也，又名長拳」之後。

②掤：此本、吳圖南「清初本」皆如是；陳耀庭藏本作「捧」。後同，不另注。

③[扌肘][扌靠]：此本、吳圖南「清初本」皆如是；陳耀庭藏本作「肘靠」。後同，不另注。

④中以土定：此本、吳圖南「清初本」皆如是；陳耀庭藏本作「中定」。

⑤五行也：此本、吳圖南「清初本」皆如是；陳耀庭藏本作「此五行也」。

⑥十三勢也：此本如是；吳圖南「清初本」無「也」字；陳耀庭藏本作「曰十三式」。

掤履擠按，即乾坤坎離①，四正方也。採挒肘靠，即巽震兌艮②，四斜角也。進退顧盼中定③，即④金木水火土⑤也。

【注釋】

①乾坤坎離：此本如是，應俗傳伏羲八卦四正方位；陳耀庭藏本、吳圖南「清初本」作「坎離震兌」，合以文王八卦四正方位。

②巽震兌艮：此本如是，應俗傳伏羲八卦四隅方位；陳耀庭藏本、吳圖南「清初本」作「乾坤艮巽」，合以文王八卦四隅方位。

二水按：武禹襄贈貽楊家本，在楊氏拳學者諸本傳抄過程中，多以文王八卦以序方位。而以《康健指南》所代表的吳氏諸本，皆取法伏羲八卦方位。

③中定：此本、吳圖南「清初本」皆如是；陳耀庭藏本作「定」。

④即：吳圖南「清初本」無此字。

⑤金木水火土：吳圖南「清初本」作「水火木金土」；陳耀庭藏本「金木水火土也」之後，緊接十三式名目。

二水按：武禹襄贈貽楊家本，在楊氏拳學者諸本傳抄過程中，多作「金木水火土」；而龔潤田本作「水火木金土」。

打手歌①

掤②攌擠按須認眞，上下相隨人難進。
任他巨力來打俗③，牽動四兩撥千斤。
引進④落空合即出，粘連黏隨不丟頂⑤。

【注釋】

①打手歌：陳耀庭藏本此歌訣，編次在前文「十三式行工心解」（此本、吳圖南「清初本」題作「十三勢行功心法」）中，「氣似車輪，腰如車軸」句之後。

②掤：陳耀庭藏本作「捧」。

③俗：同「咱」，我也。此本與吳圖南「清初本」皆如是；陳耀庭藏本作「咱」；武

禹襄贈貽楊家本中，龔潤田本也作「偺」。

④進：吳圖南「清初本」作「入」。

⑤粘連黏隨不丟頂：陳耀庭藏本作「沾連黏隨不丟頂」。陳耀庭藏本在此《打手歌》後，尚有兩則「又曰」。吳圖南「清初本」在此歌訣後，也附一則「又曰」。吳圖南「清初本」這則「又曰」，即此本前文「十三勢行功心法」之最後一段：「又曰：彼不動，己不動，彼微動，己先動。勁似鬆非鬆，將展未展，勁斷意不斷，意斷神可接」；陳耀庭藏本第二則「又曰」亦是此段文字，只是在「勁斷意不斷」後，竄益「動轉挪移走」句。陳耀庭藏本第一則「又曰」，係此本、吳圖南「清初本」所不載。全文為：

又曰：被打欲跌須巧擠，雀躍逃時要合身。拔背含胸合太極，裹襠護臀跴五行。學者悟透其中意，一身妙法豁然能。

二水按：後文所附錄馬振華藏本《打手歌》所竄益的「被打欲跌須雀躍，擠住難逃用蛇形。拔背含胸合太極，裹襠護臀踩五行。學者悟澈玄中意，一身妙法豁然能」以及「又曰」：「彼不動，己不動。彼微動，己先動。似鬆非鬆，將展未展，勁斷意不斷」，原本只是在董英傑編著的《太極拳釋義》之《打手歌》中有類似的竄益，常見諸本《太極功源流支派論》中，均未載此歌訣。而陳耀庭藏本《打手歌》後的兩則「又曰」，第一則「又曰」所備載的歌訣，詳細描述了「被打」的兩種應對方式，文辭較馬振華本、董英傑本更為合理；第二則「又曰」在「勁斷意不斷」句末，有「動轉挪移走」句，也與董英傑本「轉動挪移走」句相關聯。兩則「又曰」用以印證此歌訣傳抄的演進歷程多有裨益。

另外，陳耀庭藏本的這兩則「又曰」，無意之中將馬振華藏本與董英傑《太極拳釋義》拉近了關係，事實上也為我們研討此階段拳譜與楊家北京授拳時期所傳抄的拳譜的關聯性，提供了切入點。

程靈洗小九天源流①

程靈洗，字元滌①，江南徽州府休寧②人，授業於韓拱月③，太極之功成大用矣。侯景之亂④，惟歙州保全，皆灵（靈）洗力也。梁元帝授以本郡太守⑤，卒諡忠壯。

【注釋】

①靈洗小九天源流：原文無此標題，為校注者加。陳糴庭藏本題作「程元滌小九天法」。

②元滌：滌，同「涤」，蓋係避康熙帝玄燁之諱，而改「玄滌」為「元滌」。「玄涤」典出《老子》第十章：「載營魄抱一，能無離乎？專氣致柔，能如嬰兒乎？涤除玄覽，能無疵乎？」此亦合其「靈洗」之名。此名號，自從備載於《陳書》後，歷經各朝，刻板定會經常為之更改。唐玄宗時，避「玄」作「元」；明太祖朱元璋時，又改「元」為「玄」；康熙帝玄燁時，再改「玄」作「元」。所以，在《四庫全書》的《陳書》中，非常智慧地採用缺筆避諱，改「玄」為「玄」。

程靈洗（五一四—五六八年），字玄滌。新安海寧人（今黃山市屯溪區篁墩村），少以勇力聞，梁時拒侯景亂，朝廷深嘉其忠，授譙州刺史。入陳，官蘭陵太守，以討伐戰功拜都督、郢州刺史，封重安縣公。公性嚴急，治下甚苛，號令分明，與士卒同甘苦。好播植，躬勤耕稼，雖老農不能及。光大二年卒，謚忠壯，贈鎮西將軍，開府儀同三司，配享高祖廟庭。《陳書》有傳。

作為徽州歷史上第一位載入史冊的人——程靈洗，在他死後，皇帝還封賜其為「鎮西將軍」，且還享高祖廟庭。所謂上行下效，於是鄉人紛紛結社，或露天築壇，或建祠構廟。程靈洗就由凡胎肉體，被演進為徽州的一尊神祉。徽州各地的忠祠廟，就成了後人祭祀的場所。二十世紀六〇年代初，習俗尚存。詳見附錄。

③休寧：秦漢為歙縣西鄉地，秦屬會稽郡，漢改丹陽郡，漢建安十三年（二〇八年）置縣，縣治在鵂山之南，故名休陽縣，吳永安元年（二五八年），為避景帝孫休名諱，改海陽縣。晉太康元年（二八〇年），改新都郡為新安郡，海陽縣為海寧縣。隋開皇十八年（五九八年），海寧縣改名休寧縣，蓋各取原名休陽、海寧各一字而命之也。此縣名雖自隋一直沿用至今，但其轄地多有更變。而今黃山市政府所在地的屯溪區，就屬於原休寧縣轄區。

④授業於韓拱月：此本與吳圖南「清初本」皆如是；陳耀庭藏本「授業」作「受業」；梅墨生抄本作「授業韓拱月」；程靈洗支派源流相關文辭，馬振華藏本不載。韓拱月與於歡之、李道子、胡境子等，生卒名號皆無從稽考者。

⑤侯景之亂：梁武帝太清二年（五四八年）八月，東魏降將侯景，勾結京城守將蕭正德，舉兵謀反。次年，侯景攻破皇城建康（今南京），困死梁武帝蕭衍，執掌朝政，五五一年，改國號為漢，自稱南梁漢帝。其時華皎隸侯景軍中，他遣使招誘程靈洗，程靈洗斬

殺皎使，力拒侯景之亂。

⑥梁元帝授以本郡太守：此本、吳圖南「清初本」皆如是；陳耀庭藏本作「梁元帝時以本郡太守」。梁元帝，蕭繹（五〇八—五五五年），字世誠，小字七符，自號金樓子，南蘭陵（今江蘇武進）人，梁武帝蕭衍第七子，梁簡文帝蕭綱之弟。

至程珌①，爲紹興②中進士，授昌化主簿③，累權④吏部尚書，拜翰林學士，立朝鋼⑤正，風裁凜然，進封新安郡侯，以端明殿學士至仕卒⑥。

【注釋】

①程珌（一一六四—一二四二年）：字懷古，號洺水遺民，休寧人（今黃山市休寧縣汊口）。紹熙四年進士。授昌化主簿，調建康府教授，改知富陽縣，遷主管官告院。曆宗時任正寺主簿、樞密院編修官，權右司郎官、秘書監丞，江東轉運判官。淳祐二年，以端明殿學士致仕，尋卒，年七十九。撰《洺水集》六十卷，有散佚，《四庫全書》收錄三十卷。

唐末，程靈洗的後人程珌，帶領其弟程湘、兒子程南節等，招募鄉勇，從篁墩遷徙至汊口，築寨死守，抵禦黃巢兵侵。後被封為都知兵馬使、東密岩將兼馬金嶺防拓事等職，從此程氏在汊口一脈，蔓延生息，人丁興旺。程珌便是程氏汊口一脈的佼佼者。歷史上的程氏汊口一脈，確實湧現了幾位傑出的武術大家。譬如出使金國的武狀元程若川，以及編著《少林棍法闡宗》《單刀法選》《長槍法選》《蹶張心法》的程沖斗等。而唯獨「小九天」未見傳。

②紹興：此本、陳耀庭藏本、吳圖南「清初本」、梅墨生抄本皆如是，蓋「紹熙」之誤。紹熙（一一九〇——一一九四年），是南宋光宗趙惇唯一的年號。程珌，紹熙四年（一一九三年）進士。

③主簿：此本、陳耀庭藏本如是；吳圖南「清初本」、梅墨生抄本皆作「主薄」。主簿，官名。唐宋時，皆以主簿為初事之官，主管戶籍、文書、印鑑等。

④累權：此本如是；陳耀庭藏本、吳圖南「清初本」、梅墨生抄本皆作「累官權」。累權、累官權或累遷，皆意同，指其仕途逐步升任，直至某職位之意。

⑤鋼：原文「鋼」誤，當作「剛」。

⑥至仕卒：此本與吳圖南「清初本」、梅墨生抄本皆如是；陳耀庭藏本作「致仕

卒」。疑係有脫文。完整句式應該為：「淳祐二年，以端明殿學士致仕，尋卒」。淳祐二年（一二四二年）致仕，是年，程珌辭世。三本句式皆有脫文，且錯訛相同，可證追溯其各自模本，共同的「祖本」也有此脫文的「基因」。

珌居家，常平糶以濟人①，凡有利於衆者，必盡心焉，所著有《洺水集》②。珌將太極功拳名③，立一名爲小九天④，蓋珌之遺名小九天⑤。書韓傳者，不敢忘先師之所傳也。

【注釋】

①濟人：陳耀庭藏本此處紙張殘缺，有鉛筆補寫痕跡。

②《洺水集》：此本及王新午本如是；陳耀庭藏本作「洛水集」。此處也因紙張殘缺，有鉛筆補寫「集珌」兩字。吳圖南「清初本」與梅墨生抄本誤作「落水集」。

二水按：程珌，字懷古，因世系本河北洺水，自號洺水遺民。洺水，即今洺河，古亦稱寢水、千步水、南易水等。《四庫全書》收錄《洺水集》三十卷。其裔孫在序言中稱，原先集本六十卷，紹熙開始刻板，只刻了三十卷，萬曆戊申年（一六〇八年），山水暴漲，刻板漂失。崇禎己巳（一六二九年），裔孫至遠，取舊本重訂，所刻為三十卷云。《四庫總目提要》稱，珌詩詞皆不甚擅長。對其文辭也評價不高，稱：「珌文宗歐、蘇，其所作詞，亦出入於蘇、辛二家之間。中多壽人及自壽之作，頗嫌寡味。至《滿庭芳》第二闋之蕭、歌通葉，《減字木蘭花》後闋之好、坐同韻，皆係鄉音，尤不可為訓也」云。

馬有清稱程珌的「小九天法」，「在宋版《洺水集》中尚存」云，二水以為，《洺水集》的宋熙版，尚無刊印，刻板就付之水流，《洺水集》由此眞的成了「落水集」了，刻板尚不可得窺，刻板中是否燒錄「小九天法」，便無從稽考焉。

③名：陳耀庭藏本無此「名」字。

④立一名為小九天：此本、吳圖南「清初本」皆如是；陳耀庭藏本作「立一名曰小九天法」。

⑤蓋珌之遺名小九天：此本、吳圖南「清初本」皆如是；陳耀庭藏本作「雖珌之遺名小九天」，「珌之」兩字也因紙張殘缺，有鉛筆補寫痕跡。遺名：蓋鄉俗為孩子取的賤名，或綽號。曹植《七啓》：「予聞君子不遯俗而遺名」；何景明《贈君採效何遜作》：「違俗勢靡合，遺名跡自超」，可證古時謙謙君子，亦尚遺名。

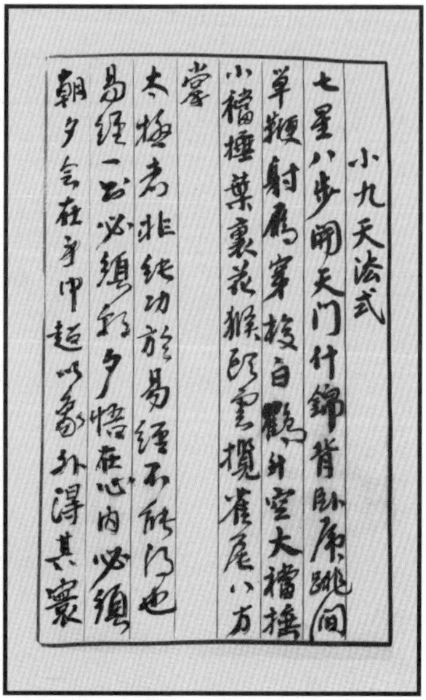
小九天法式
七星八步開天门什錦背卧虎跳间
單鞭射鴈穿梭白鶴升空大襠捶
小襠捶葉裏花猴頂雲攬雀尾八方
掌
太極者非純功於易經不能悟也
易經一書必須朝夕悟在心內必須
朝夕含在手中超以象外得其寰

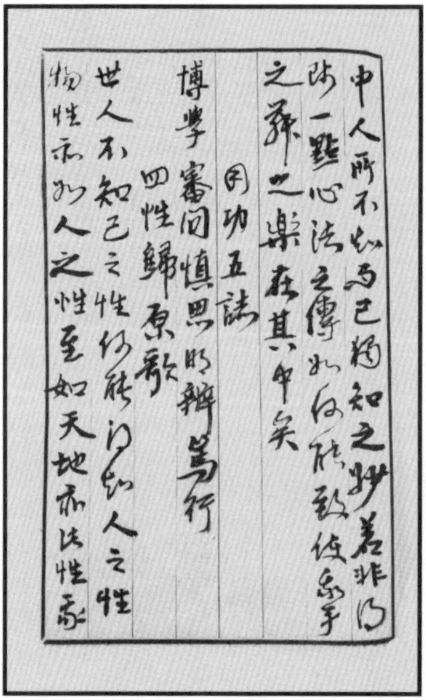
中人所不知而己獨知之妙若非得
訣一點心法之傳如何能致使於手
之舞之樂在其中矣
用功五誌
博學審問慎思明辨篤行
四性歸原歌
世人不知己之性何能得知人之性
物性亦如人之性至如天地亦此性承

小九天法式

七星八步① 開天門② 什錦③ 背臥虎跳澗④ 單鞭 射雁 穿梭 白鶴升空⑤ 大襠⑥捶 小襠捶 葉裏花⑦ 猴頂雲 攬雀尾 八方掌

【注釋】

①七星八步：禹步斗罡，共有九步，各有其象徵意義。路時中《無上玄元三天玉堂大法》卷十九云：「一步像太極，二步像兩儀，三步像三才，四步像四時，五步像五

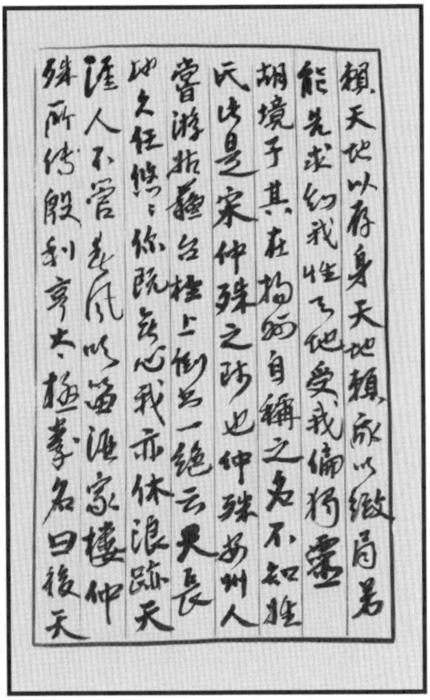

賴天地以存身天地賴欣以緻局易
能先求幻我性之他受我偏獨靈
胡境于其在獨獅自稱之名不知姓
氏此是宋仲殊之詩也仲殊安州人
嘗游姑蘇台柱上倒書一絕云天長
地久任悠悠你既無心我亦休浪跡天
涯人不管春風吹笛酒家樓仲
殊所傳般剎亨太極拳名曰後天

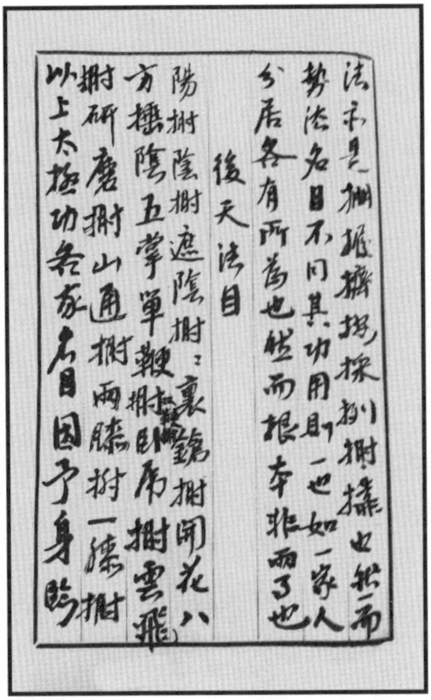

法承是掤握擠按採挒肘靠也然而
勢法名目不同其功用則一也如一家人
分居各有所為也然而根本非兩了也
後天法目
陽掤　陰掤　遮陰掤　裹鏈掤　開花八
方摟陰　五掌單鞭掤　臥虎掤　雲飛
掤　研磨掤　山通掤　兩膝掤　一膝掤
以上太極功各家名目因予身臨

行，六步像六律，七步像七星，八步像八卦，九步像九靈。」

②開天門：《周易》姤卦，下巽上乾，乾為天，巽為風，天風為姤，天融氣和，風生飆萌。衛元嵩《元包經傳》釋曰：「昔王由是開天門，發王命，施於政教，行乎中外。」

③什錦：花色繁多的錦緞。喻招式之變化繁多。

二水按：「什錦背」後，陳耀庭藏本、吳圖南「清初本」、梅墨生抄本皆有「提手」式，此本無之。王新午本、李先五本雖皆未備載小九天名目，但兩本皆稱小九天拳勢，合計十四式。而吳圖南「清初本」、梅墨生抄本，皆抄作十五式。陳耀庭藏本，此頁係殘本最後一頁，「葉裏花」後，沒有了下文。

④臥虎跳澗：此本、陳耀庭藏本、吳圖南「清初本」、梅墨生抄本皆如是，疑「餓虎跳澗」之誤，言其勢之猛厲決絕。

⑤白鶴升空：李白《贈參寥子》有：「白鶴飛天書，南荊訪高士」句。

⑥襠：此本、陳耀庭藏本皆如是；吳圖南「清初本」、梅墨生抄本皆作「擋」。後同，不另注。

⑦葉裏花：《牡丹亭》第二十八出之幽媾，杜麗娘見了柳生風神俊雅，在斜陽外，芳草涯，呼啦啦地乘風而來，向柳生自我介紹說：「奴年二八，沒包彈風，藏葉裏花。」《寒山詩》有：「君看葉裏花，能得幾時好」句。葉裏花指的是含苞待放的花蕾。太極劍勢有「葉裏藏花」，指的是藏於紛紛揚揚葉片裏，若隱若現的劍勢。

二水按：陳耀庭藏本「葉裏花」之後，因文本殘缺，沒有了下文，也無「小九天法式」標題。

觀經悟會法①

太極者，非純功②於易經，不能得也。易經一書③，必須朝夕悟在心內，必須朝夕會在身中④。超以象外，得其寰中⑤。人所不知，而己⑥獨知之妙，若非得師一點心法之傳，如何能致使我手之舞之⑦，樂在其中矣。

【注釋】

①觀經悟會法：原文無此標題，為校注者加。

二水按：此本與吳圖南「清抄本」、梅墨生抄本皆無題；李先五本不載；馬振華藏本無「程靈洗」一脈支派源流，卻在「功用歌」與「四性歸原歌」之間，載此節文辭，題作「八方掌」；王新午本稱：「程靈洗所著《觀經悟會法》云：「太極者非純功於易經不能得。以《易經》一書，必須朝夕悟在心內，會在身中，超以象外，得其寰中。有人所不知而己獨知之妙，對於太極拳之體用，已昭然若揭」云。王新午斷論此則文辭，出自程靈洗所著，此亦無從稽考之論。然，此節文字，闡述《易經》之於太極拳的重要性，較之楊家傳抄本、李亦畬《王宗岳太極拳論》（郝和珍藏）本，在理論體系上，更進一層，頗耐玩味。《太極法說》所代表的楊氏老拳論三十二理論體系中，處處可見《易經》的理論架構與思維模式等，或可從中找尋脈絡。

②純功：此本與吳圖南「清初本」皆如是；梅墨生抄本作「純工」；馬振華藏本此句文辭作「太極者，純功也，非於易經者，不能得也」。純功者，誠意正心，以至道理通透之謂也。

③易經一書：此本如此；吳圖南「清初本」、馬振華藏本、梅墨生抄本皆作「以易經一書」。

④必須朝夕會在身中：此本及吳圖南「清初本」、馬振華藏本皆如是；梅墨生抄本與王新午本只作「會在身中」。

⑤超以象外，得其寰中：寰，「環」之誤。此譜「八字歌」尚有「得其環中不支離」句，源出《莊子。齊物論》：「樞始得其環中，以應無窮。」司空圖《二十四詩品》之雄渾，由此翻出新聲：「大用外腓，眞體內充。反虛入渾，積健為雄。具備萬物，橫絕太空。荒荒油雲，寥寥長風。超以象外，得其環中。持之非強，來之無窮」，以道家「反虛

入渾」自然之道的美學原則，來做酒瓶子，以儒學「充實之謂美」，盛裝「積健為雄」的美學價值觀的美酒，司空圖以「雄渾」為二十四詩品之首，構建了他「至大至剛」「浩然之氣」「超以象外」「得其環中」的審美情趣。可證此譜捉刀者，亦出儒入道者。

⑥己：梅墨生抄本脫「己」字。

⑦手之舞之：趙岐、孫奭《孟子注疏》離婁章句上，注孟子曰「樂則生矣，生則惡可已也。惡可已，則不知足之蹈之，手之舞之」句之疏云：「言由仁義之實充之，至於樂則流通而不鬱，日進而不已，是其樂則生，生則烏可已。烏可已，則得之於心，而形之於四體，故不知手舞足蹈之所以者也。」武禹襄「解曰」有云：「先在心，後在身。在身，則不知手之舞之，足之蹈之。」此或即「得師一點心法之傳」者也。先在心，以《易經》之理，悟於心也；後在身，以《易經》之理，會於身者也。

用功五誌①

博學② 審問③ 慎思④ 明辨⑤ 篤行⑥

【注釋】

①用功五誌：此本與馬振華藏本、李先五本如是，「用功五誌」只列二字五句；吳圖南「清初本」與梅墨生抄本、王新午本皆在每二字後，另有釋文。二字五句，典出《中庸》：「博學之，審問之，慎思之，明辨之，篤行之。」

②博學：王新午本釋文「是多工夫」；吳圖南「清初本」、梅墨生抄本皆作「是多功夫」。

③審問：王新午本釋文「不是口問，是心問」；吳圖南「清初本」、梅墨生抄本皆作「不是口問，是聽勁」。

④慎思：王新午本釋文「聽而後當留心想念」；吳圖南「清初本」、梅墨生抄本皆作「聽而後留心想念」，唯梅本「想」誤作「相」字。

⑤明辨：皆作「生生不已」。《周易》繫辭云：「生生之謂易」，《呂子易說》進一步解釋為：「陰盡則陽生，陽盡則陰生。生生不已，以旋造化之機。」程子以此釋生生之意。天只天道曰：「『成性存存，道義之門』，亦是萬物各有成性存存，亦是生生不已之意。天只是以生為道。」

⑥篤行：諸本皆作「如天行健」。《周易》乾卦：「象曰：天行健，君子以自強不息。」

四性①歸原歌

世人不②知己之性，何能得知③人之性？物性④亦如人之性，至如⑤天地亦此性。我賴天地以存身⑥，天地賴我以致局⑦。若能先⑧求知我性，天地受我偏獨靈。

【注釋】

①四性：「天、地、人、我」四性，源出呂留良《天蓋樓四書語錄》卷之四十五《孟子·盡心上》盡其性者章。呂留良解釋說：「『心』與『性』要分成兩看，『性』與『天』要並成一看。『天』與『性』納入『心』裡看；『心』與『性』歸原，『天』字看；『心』與『天』靠實在，『性』中看。『心』『性』『天』三件，有順看、倒看，三者又總在『知』上看。」

②不：馬振華藏本脫「不」字。
③知：梅墨生抄本脫「知」字。
④性：馬振華藏本脫「性」字。
⑤如：梅墨生抄本作「於」字。
⑥我賴天地以存身：李先五本作「我賴天地而存身」。
⑦天地賴我以致局：李先五本作「天地無物不成形」；馬振華藏本脫「致」字。
⑧先：馬振華藏本作「志」。

宋仲殊後天法目源流①

胡境子②，其在揚州，自稱之名，不知姓氏，此是宋仲殊之師也③。仲殊，安州④人，嘗游姑蘇台⑤，柱上倒書⑥一絕云：天長地久任悠悠，你既無心我亦休，浪跡天涯人不管，春風吹笛酒家樓⑦。

仲殊所傳殷利亨太極拳，名曰後天法。亦是掤攦擠按採挒掛靠也，然而勢法名目不同，其功用則一也。如一家人分居，各有所爲也，然而根本非兩事也。

【注釋】

①宋仲殊後天法目源流：原文無此標題，為校注者加。

二水按：此節文辭，王新午題作「宋仲殊之後天法」，起篇為「宋仲殊，學太極拳於胡鏡子……仲殊，安州人，所傳之人有殷利亨」云云。李先五題作「殷氏所傳」，云：「殷氏所傳太極拳名後天法，傳揚州胡鏡子，鏡子再傳安州宋仲殊」，兩者在「胡鏡子」「宋仲殊」與「殷利亨」的傳承問題上，截然相反。因前文中有「予上祖宋遠橋與俞蓮舟、俞岱岩、張松溪、張翠山、殷利亨、莫谷聲，久相往來金陵之境」，大致能斷定胡鏡子、宋仲殊、殷利亨之存世年份。金庸將殷利亨更名為殷梨亭，斷定其生卒為（一三一八—一四〇三年），亦約莫能合也。殷梨亭，武當七俠之殷六俠也。

②胡境子：此本與吳圖南「清初本」皆作「胡境子」；他本皆作「胡鏡子」。生卒名號亦無以稽考者。

③此是宋仲殊之師也：梅墨生抄本作「乃宋仲殊師也」。仲殊，北宋僧人、詞人。本姓張，名揮，仲殊為其法號，安州（今湖北安陸）人。後人慣稱其為「僧仲殊」「宋仲殊」「釋仲殊」。後同，不另注。

④安州：古地名。

二水按：中國歷史上以安州名之所在不下二十處。然後，當二水讀到「仲殊，安州人」時，安州兩字，則徑直指向了湖北安陸。原因是，你只要隨便拿出一冊宋詞選本，幾乎都能找出宋朝詞僧仲殊的詞。並或會有注釋：「仲殊，名揮，俗姓張，安州人」等。然而，一個文弱詞僧，據說因被妻子下毒，差點丟了性命，之後終日吃蜂蜜療毒，出家為僧，浮生於蘇杭間，出入於俗塵內，之後竟然選擇了一棵琵琶樹，上吊以了結餘生。此等身世，如何讓人得以與「後天法」太極拳相聯繫呢？此塊壘直到讀到下文才得以釋懷。

⑤姑蘇台：明正德《姑蘇志》載：「姑蘇台，一名胥台，在姑蘇山。舊《圖經》云，在吳縣西北三十里。《續圖經》云，三十五里。一名姑蘇。一名姑餘。《史記正義》云，在吳縣西南三十里。橫山西北麓，姑蘇山上。《山水記》云，闔閭作春夏遊焉。又云，夫差作台，三年不成，積材五年，乃成。造九曲路，高見三百里。勾踐欲伐吳，於是作柵楣嬰，以白壁鏤以黃金，狀如龍蛇，獻吳王。吳王大悅，受以起此台。《越絕書》云，闔廬

造九曲路，以遊姑胥之台，子胥諫不聽，又於臺上別立春宵宮，為長夜之飲，作天池，以泛青龍舟，舟中盛致妓樂，日與西施為嬉。作海靈館、館娃閣，皆銅溝玉檻，飾以珠玉。」

二水按：由此得見，姑蘇台始建於闔閭，成於夫差。吳國吞併越國後所建構的一處標誌性的雄偉建築。後越伐吳，吳太子友戰敗，遂焚其台。

⑥倒書：由最後一字、最後一筆起筆，由下往上倒寫成文者。

二水按：任性如是！姑蘇台，始於闔閭，成於夫差，幾成吳越春秋的縮影，又涉及絕代美女西施曾「館」娃於此，「為長夜之飲」，歷代文人騷客，遊此台，多有騷賦詞作。而膽敢於此倒書成文者，僅此一人——詞僧仲殊！

⑦天長地久任悠悠……春風吹笛酒家樓：王象之《輿地紀勝》卷第七十七引《鄖城志》云：「僧仲殊，初至吳，姑蘇台柱倒書一絕云：『天長地久大悠悠，爾既無心我亦休。浪跡姑蘇人不管，春風吹笛酒家樓』東坡見之，疑神仙所作。是後與坡為莫逆交」云。

二水按：同是安州人，同呼仲殊，同在姑蘇台，同以倒書一絕名聞遐邇，僅僅只是文字上一作「浪跡天涯」，一作「浪跡姑蘇」，天地人我，四性歸原於「春風吹笛酒家樓」

之「酒性」之上，何其任性！明眼人定能判定，兩仲殊，定係一人！二水久積於胸腹的塊壘，也得以清消殆盡矣。果不其然，蘇東坡「東坡見之，疑神仙所作」，事後以「此僧胸中無一毫髮事，故與之遊」，且作《安州老人食蜜歌》贈之，並在夢中，尚與之詩作酬唱，醒後復作《破琴詩並敘》，私底下，東坡又昵稱之為「蜜殊」的這位「宋僧仲殊」，竟然被此譜的捉刀者，隱去了詞僧的身份，以「宋仲殊」之名，從宋朝穿越到了明朝，並為胡境子與殷利亨之間，搭建了傳承「後天法」太極拳的傳承之橋。此等聯想，此等才情，此等時空倒置，直讓而今喜好玩穿越的影視編劇們汗顏，乃至浹背汗流焉！另，縱觀此譜，從李白見許宣平傳舍詩，訪之不遇，題詩望仙橋而回，到東坡見仲殊姑蘇台絕句，疑神仙所作，「此僧胸中無一毫髮事，故與之遊」，一顯一隱，其彌漫著的仙道氣息，同氣相求，同聲相應焉！

後天法目①

陽掛　陰掛　遮陰掛　掛裡槍　掛開花　八方捶　陰五掌　單鞭掛　雙鞭②

掛　臥虎掛　雲飛掛　研磨掛　山通掛　兩膝掛　一膝掛

【注釋】

①後天法目：此本名目與吳圖南「清初本」同；王新午本雖不備載名目，卻稱共十七式，而此兩本皆作十五式；馬振華藏本與梅墨生抄本另有「晾陽肘」「陽五掌」，可補之。

②雙鞭：此本、陳耀庭藏本先後「雙鞭」「雙擺蓮」「雙重」等六處「雙」字，皆作繁體「雙」；而吳圖南「清初本」皆作簡體「双」字。

二水按：簡體「双」字，就像是「全體發之於毛」「腹鬆氣斂，神舒體靜」，兩處繁體「體」簡作「体」一樣，顯然是新文化運動期間，西學東漸後的會意字。吳圖南「清初本」這些簡體字，可證此「清初本」，或實係民國新文化運動後之抄本。

以上太極功各家名目①，因予②身臨其境，並得其良友往來相助，皆非作技藝觀者。人亦一家人③，恐其久而差矣④，故筆之，書以授後人玩索⑤，

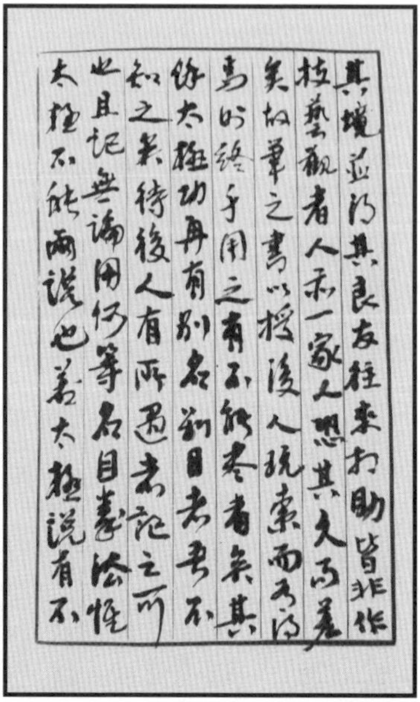
其境並乃其良友往來相助皆非作
技藝觀者人不一家人思其久而差
矣故筆之書以授後人玩索而有得
焉以終身用之有不能盡者矣其
餘太極功再有別名別目者吾不
知之矣待後人有所遇者記之可
也且記無論用何等名目盡於性
太極不能兩說也若太極說有不

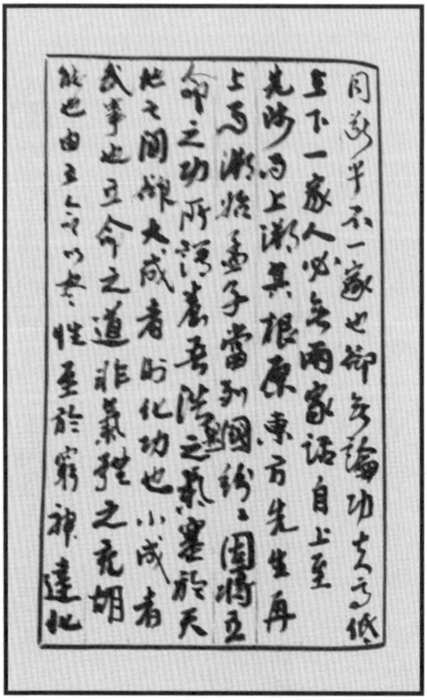
同歟乎不一家也御無論功夫之紙
至下一家人必無兩家話自上至
先賢而上溯其根原東方先生再
上焉溯於孟子當初固之之固將立
命之功所謂養吾浩然之氣塞於天
地之間終大成者所化功也小成者
武事也立命之道非氣體之充胡
能也由立命以至性至於窮神達化

而有得焉。則終身用之，有不能盡者矣。

【注釋】

①以上太極功各家名目：此本與吳圖南「清初本」如是；梅墨生抄本作「以上乃太極功各家名目」；馬振華藏本、李先五本、王新午本皆不載。

二水按：此節文辭意味深長，尤其將性命學說，直接上溯至孟子，「固將立命之功」「所謂養吾浩然之氣，塞於天地之間」，往上，徑直與武禹襄「氣以直養而無害」，「漸至物來順應，是亦知止能得矣」一脈相承；往下，徑直與《太極法說》之「自天子至於庶人，壹是皆以修身為本」

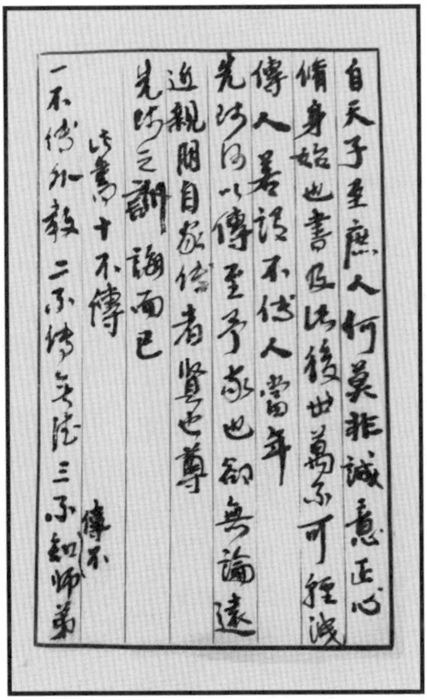

自天子至庶人何莫非誠意正心
脩身始也書及此後世萬不可輕洩
傳人善語不但人當年
先師因以傳至予故也卻無論遠
近親朋自家傳者皆也尊
先師之訓論而已
此書十不傳
一不傳外教 二不傳無德 三不傳不知師弟

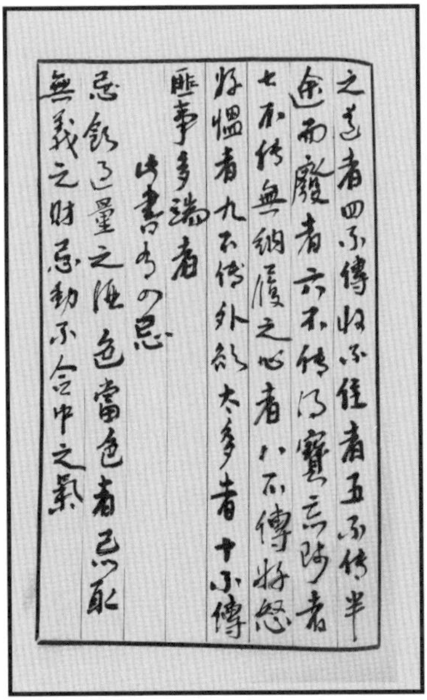

之道者 四不傳將不住者 五不傳半
途而廢者 六不傳得寶忘師者
七不傳無納履之心者 八不傳好怒
好惱者 九不傳外緣太多者 十不傳
匪事多端者
此書內の忌
忌飲酒過量之性 色當色者 己不取
無義之財 忌動不合中之氣

「盡性立命，窮神達化在茲矣。然天道人道一誠而已矣」。同聲相應。

②予：梅墨生抄本作「余」。

③人亦一家人：此本如是；吳圖南「清初本」「亦」作「也」；梅墨生抄本作「人者也一家人」。

④矣：梅墨生抄本作「也」。

⑤故筆之，書以授後人玩索：梅墨生抄本作「故筆之於書，以授後人玩索」。

其餘太極功①，再有別名別目②者，吾不知之矣，待後人有所遇者，記之可也。

且記：無論用何等名目③拳法，

惟太極，不能兩說也④。若太極說有不同，斷乎不一家也。卻無論功夫⑤高低上下。一家人，必無兩家話⑥。

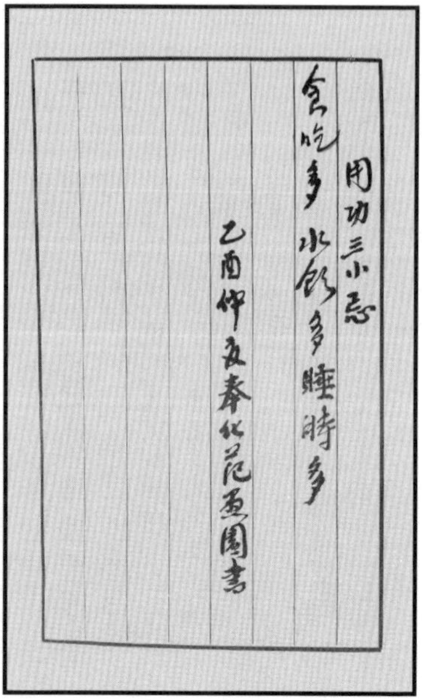

【注釋】

①太極功：梅墨生抄本作「太極」。

②③目：梅墨生抄本自「別目者」至「何等名目」之「目」，中間脫文「別目者，吾不知之矣，待後人有所遇者，記之可也。且記：無論用何等名」等字。

二水按：從「別名別目」之「目」，到「何等名目」之「目」，此本在兩「目」中間，另有一行相隔，而吳圖南「清初本」此兩「目」，兩行相鄰，且兩「目」稍作斜視，即容易誤抄作同一目。斜視誤抄，以致脫文焉。

④不能兩說也：吳圖南「清初本」、梅墨生抄本皆作「則不能兩說也」。

⑤功夫：吳圖南「清初本」作「工夫」。

⑥必無兩家話：梅墨生抄本作「並無兩家話也」。

自上至先師，而上溯其根原，東方先生①，再上而溯始孟子②，當列國紛紛，固將立命之功，所謂養吾浩然之氣，塞於天地之間，欲大成者，則化功也，小成者，武事也③。立命之道，非氣體之充胡能也。由立命以盡性，至於窮神達化，自天子至庶人，何莫非誠意正心修身始也④。

書及此，後世萬不可輕洩傳人。若謂不傳人，當年先師何以傳至予家也。卻無論遠近親朋自家，傳者，賢也。尊先師之訓誨而已⑤。

【注釋】

①東方先生：行文雖諱其名號，但從行文上下依然得知，此處的東方先生，只有「修先王之術，慕聖人之義」「自以為智能海內無雙，則可謂博聞辯智」的東方朔。

東方朔，生卒年不詳，本姓張，字曼倩，西漢平原郡厭次縣（今德州市陵縣）人。漢武帝即位，徵四方士人，東方朔上書自薦，詔拜為郎，後任常侍郎、太中大夫等職。東方先生，性格詼諧，言詞敏捷，滑稽多智，常在武帝前談笑取樂，其言政治得失，陳農戰強國之計，帝始終以俳優視之，不以為用。其著《答客難》頗能陳其志：「太公體行仁義，七十有二，乃設用於文武，得信厥說，封於齊，七百歲而不絕。此士所以日夜孳孳，修學敏行，而不敢怠也。」

二水按：倘能參閱《太極法說》所代表的楊家老拳譜三十二目之「張三豐承留」與東方先生《答客難》文辭，此節文辭，將太極拳由此上溯到東方先生，其實是誤解了東方先生所言「體行仁義，七十有二，乃設用於文武」的這位聖賢，並非指東方先生自己，而是「神化性命功，七二乃文武」的姜子牙姜太公！此等錯訛，可證此文成稿，或應在「張三豐承留」之後。

②再上而溯始孟子：《太極法說》中「張三豐承留」的「神化性命功，七二乃文武」句之上，是「微危允厥中，精一及孔孟」。可參之。

二水按：此譜「固將立命之功，所謂養吾浩然之氣，塞於天地之間」，「再上而溯始孟子」，理直氣壯地將孟子當作是後世儒學者自我人格完善體系的創立者，將性命之學的開山鼻祖歸譽於孟子，二水深以為然。

③欲大成者……武事也：化功者，窮神達化之謂也。此節可參閱《太極法說》中之

「太極文武解」「太極分文武三成解」：「其修法內外表裡，成功集大成，即上乘也」「由體育之文而得武事之武，或由武事之武而得體育之文，即中乘也」。

④自天子至庶人，何莫非誠意正心修身始也：可參閱《太極法說》中之「張三豐以武事得道論」：「自天子至於庶人，壹是皆以修身為本」典出《大學章句》：「自天子以至於庶人，壹是皆以修身為本。」

⑤尊先師之訓誨而已：此本如是；吳圖南「清初本」、梅墨生抄本皆作「遵先師之命，不敢妄傳，後輩如傳人之時，必須想予緒記之心血與先師之訓誨也」。

此書十不傳①

一不傳外教②

二不傳無德③

三不傳不知師弟④之道者

四不傳收不住者

五不傳半途而廢者⑤
六不傳得寶忘師者
七不傳無納履⑥之心者
八不傳好怒好惱⑦者
九不傳外欲⑧太多者
十不傳匪事⑨多端者

【注釋】

①此書十不傳：此本與吳圖南「清初本」、梅墨生抄本皆題如是；馬振華藏本作「宋氏戒律」，計九條，無序數。

②外教：古籍中，外教常係佛教徒對佛教以外的儒、道九流之稱謂。後各派教徒也稱本教之外的其他教統流派。此拳譜所處時代，正值西方基督教勢力大肆在中國擴張之時，此譜又彌漫著儒道氣息，此譜所宗的仙尊張三豐，又是一位三教一家的代言人，所以，由此可證，此譜所指「外教」，當係指來自境外的基督教。馬振華藏本無此戒律。

③二不傳無德：孔安國釋《尚書》「正德、利用、厚生惟和」句云：「人君自正乃能正下，故以正德為先，利用然後厚生。」「惟德為先」，是傳統中國文化師徒傳承時，擇徒的首要條件。此譜將外教列第一，可證此譜的時代氣息。

④師弟：老師與弟子之簡稱。章太炎說過：「《論語》為師弟問答，乃亦略記舊聞，散為各條，編次成帙。」

⑤者：吳圖南「清初本」作「的」。

⑥納履：穿鞋。此譜特指張良納履事。信陵君為侯生執轡，張子房為圯上老人納履，都是傳統文化中經典的弟子待師之道。反過來看，也是「絕品」老師考驗學生的絕品「作」法。

⑦好怒好慍：顏師古《糾謬正俗曰》曰：「怒，從心從努省，怒若強努之發，人怒則面目張起，凡怒當以心節之，故從心奴為怒。」慍者，昷心為慍，含怒意。《論語》曰：「人不知而不慍，不亦君子乎？」

⑧外欲：古人以為，身以盛心，心以盛智，身心虛靜以得道。發自內心的七情，謂之「中欲」，來自外界的六欲，謂之「外欲」。所以《呂氏春秋．君守篇》有云：「中欲不出謂之扃，外欲不入謂之閉。既扃而又閉，天之用密。有準不以平，有繩不以正，天之大

靜。既靜而又寧，可以為天下正。」

⑨匪事：匪者，非也。蓋指行為不端，品行匪劣者。

此書有四忌

忌飲過量之酒，色當色者①，忌取無義之財，忌動不合中之氣②。

【注釋】

①色當色者：此本如是；吴圖南「清初本」、梅墨生抄本皆作「忌當色者夫婦之道要將有別字認清」，顯然是有訛脫衍倒處；馬振華藏本作「忌色當色，夫婦之道要將有別」。

②忌動不合中之氣：此本與馬振華藏本皆如是；吴圖南「清初本」、梅墨生抄本皆在句尾補充「一飲一啄在內」六字。

用功三小忌①

食吃多，水飲多，睡時多。

乙酉仲夏奉化范愚園書

【注釋】

①用功三小忌：此本與吳圖南「清初本」、梅墨生抄本皆如是；馬振華藏本作「用功小忌：飲多，食多，濫事多」。

二水按：古人養生理念與今人或有不同處。古人食物匱乏，常人營養不良，養生輒以「補」為主。今人進食動輒超量，且重金屬嚴重超標，養生則以「洩」為主。所以，今人養生，以多出汗，多喝水為要。

附錄

一、馬振華藏本

初學入門六合八式歌

五嶽朝天捶　六合捕地錦
順步沖捶撐　拗布斜劈狠
熊蹲硬靠急　鶴步推宜穩
橫抱鐵圈欄　登山探馬準

金罡八式歌

降龍羅漢力千鈞　舉鼎托閘敵萬人
伏虎將軍神威廣　拔山帶領技通神
前衝捶法誰能擋　倒拉九牛勇無倫
立掌斜劈開山斧　撩陰奪肚莫因循
熊經硬靠出蹲縱　豎闖横衝少人侵
鶴步沙灘推山式　支撐八面任屈伸
虎抱龍拿猛又狠　群攔搬扣似車輪
登山探馬迎風站　起落返隨叱吒真

蓄勁煉氣強筋壯骨文功八式歌

舉鼎凝神起落遲　探海撲沙要緩提

緊拳收指隨神往　左開右分斧慢施
縱體束身開合妙　推山塞海高又低
抱虎擒龍身要疊　摩雲見日技神奇

長勁放氣伸筋拔骨武功八式歌

連珠穿雲箭去忙　急提猛按勢張狂
穿山透壁捶如雨　左砍右劈斧加剛
縱虎伏貓疾又快　硬揣硬拔推倒牆
橫刪鐵掌圈攔抱　探馬登山身勢昂

六十四式歌訣

第頭路

抱突衝椎硬撞槽　截攔劈砸奪肚高

迎門提柳倒行入　飯背劈錘左右削
分手進使穿心靠　硬抱雙插海底撈
七星頓肘轉腳式　旋風崩椎雙折腰

第二路

單提領起劈胸肘　雙拔雙撲人難走
外圈外搬硬攔門　裡圈裡扣橫攔肘
沙彌合掌入禪林　肩擔日月雙撐抖
鵲步雙提斜撲蟬　飛提雲起朝陽手

第三路

劈山炮打欺身靠　走馬提鈴探海椎
七星栽椎分左右　飛雲跨海向前追
纏攬七星連環炮　搬攔硬打五花錘
掠抱雙拳雙撞猛　穿梭通背急如雷

第四路

七星湛打連珠掌　搖車進步斧劈肩
搬扣奪門托肚掌　分鬃橫掃鐵門閂
大纏大攔劈心掌　硬挫硬撞裡插拳
搓絲猛進狠撲手　舉鼎朝陽大劈山

第五路

窩弓待虎回身炮　袖裡飛星如意椎
獅子搖頭橫行肘　仙人換影閃光輝
七星坐盤沖天炮　王燕翻身落塵埃
大敞轅門待敵進　橫衝豎撞下山來

第六路

遠接近迎向心掌　似封似閉大群攔
斜行拗步抛梭法　滴水獻花隨膝穿

十字交叉擒拿手　一貫挫絲急連環
隨手入手迎風進　推山探海步沙灘

第七路

晃動乾坤大劈山　腰斬石人鐵圈攔
螳螂滾背梅花掌　軲轆翻身通背拳
斬馬截膝磨盤勢　太行壓頂硬劈山
雙撥雙掠錯身靠　風捲殘雲硬挎攔

第八路

飛身撥步手摩雲　五月朝天飛仙掌
急撲連環虎爬山　白鶴穿雲飛身闖
上使托腮下穿肋　仙人指路眼前晃
肋挎雙球活挾勢　扯袖搬肩身後響

十二形歌

熊　踞

老熊掉臂直如鞭　蹭背摩肩勇力堅
拔樹分石神技猛　尋食出洞左右旋
熊羆擋道蹲身立　奪身擁倒太行山

獅　跳

獅子搖頭百獸王　躥山趕月力剛強
抬掌拍石如齏粉　撲球戲彩如癲狂
搖鈴抖鎖閃轉撞　圓滾珠球巧暗藏

猴　形

仙猴出洞定目觀　通臂三拳沒遮攔
扯袖抓肩倒拉鎖　扒竿猱進扯衣衫

白猿獻果高舉起　搬枝偷桃把身翻

馬　奔

撞槽妙法少人知　渴馬奔水把頭低
野馬分鬃擁身進　揚拳跺足硬相欺
順路抖韁隨他去　懸崖收馬將身提

虎　剪

餓虎出山萬獸哀　飛身跳澗逞奇才
猛虎撲食剪尾過　穩坐石崖等人來
回山入洞倒行步　越嶺扒山草木摧

貓　形

撲鼠靈貓不容情　分花逐蝶縱身迎
隨形撲影騰挪步　升木如猱身法精
過戶穿窗無影跡　躥房越壁不聞聲

雞登

金雞獨立報時鳴　彩鳳奪窩百鳥驚
鳳舞鸞飛雙展翅　金雞上架急如風
單鳳朝陽把頭點　野雞刨粟用腿蹬

燕巧

玉燕穿花快逍遙　燕子抄食水上漂
紫燕斜飛輕又快　翻身展翅軟藏刀
穿樑入戶束身過　乳燕學飛起莫高

鷹拿

大鵬展翅天地小　饑鷹攫食拿燕雀
鷂子入林迅如風　鷹梭穿柳雙探抓
黃鷹拿兔上下抓　兔虎圈打難逃跑

鶴步

鶴步沙灘穩又工　白鶴展翅肋生風
鷺伏鶴行進又退　穿雲野鶴唳長空
歸來黃鶴倒伸腿　鶴舞盤旋使人驚

鶉撞

玉鳥沖天展翅飛　爭食雀啄嘴如錐
鶉賁相逐繞圈走　急沖猛啄有神威
鶉行三步忽一止　三闖三拍用力推

龍變

雲龍現爪舞長空　露裡翻身扭身形
穿山入洞隨神往　探抓連環左右攻
倒騎烏龍連擺尾　崖地伏藏起似風

十二形總論

熊　形

熊徑鶴神開合法　動靜隨機我佔先

獅　形

六合神拳借頂力　九頭錘法最為良

猴　形

忽長忽短通背法　能縮能伸筋力堅

馬　形

神行全仗馬奔力　進退合宜見神奇

虎　形

橫衝直撞神威勇　叱吒一聲似春雷

貓形

貓躥輕捷如脫兔　雪上行來不見蹤

雞形

有人好學雞登步　壓倒五霸共三雄

燕巧

此行實寓神行術　輕巧翻飛逞英豪

鷹拿

手手之中有神拿　擒拿妙法有誰曉

鶴步

奧妙全憑伸縮法　學成鶴步覺身輕

鶉撞

致勝全借撞力猛　鐵鋼銅牆遇我摧

龍變

變化千般神為本　十二形中第一宗

八卦七門拳歌

弟子躬身三進禮　參聖參祖又參師
凝神息氣多恭敬　誠心正意立根基
五行六合皆歸一　八卦奇門任我移
動似風雷靜似岳　懷抱七星變化奇
鳳凰展翅斜飛進　金雞獨立腿高提
搏浪一椎疾如箭　隨風雙掌猛熊羆
白鵝展翅連三擺　獅子撲球往前欺
一馬單鞭三關闖　黃牛拐角肘橫施
七星擠肘分前後　八卦分椎護兩膝

白猿獻果懷中抱　玉燕斜飛剪腿急
餓虎撲食雙飛掌　靈貓戲鼠步輕移
蜻蜓點水拳精巧　粉蝶穿花掌迷離
白鶴穿雲隨風舞　雲龍探爪腿三踢
子房圯橋三進履　霸王舉鼎力神奇
高祖斬蛇攔腰砍　曼倩偷桃少人知
仙人指路隨手看　野馬分鬃左右欺
玉女投梭穿肋法　金童敬酒寶瓶提
抱虎歸山進身靠　劈心一椎莫遲疑
攬袖摸肩猱形進　狸貓捕鼠雙掌劈
黃龍轉身抛山炮　抱虎憑河把山推
白鶴晾翅沙灘舞　老熊攔路肘底椎
猴拿熱釘急擲去　蟾戲金錢向前追

大鵬展開遮天翅　比翼粘連變騰飛
野馬追風斜身進　黃牛耕地力難違
靈猿出洞雙通臂　獅子搖頭把月追
彩鳳抖翎雙飛翼　猿猴解鎖似搖鈴
仙翁背劍合身走　童子騎牛把路尋
順水推舟雙撲掌　劈山炮手急如風
穿針玉女心靈巧　舉鼎神王力無窮
龍女獻花飛彩袖　仙童採藥掌中擎
二仙講道傳丹法　單鳳朝陽長身形
黃鶴雲中大伸腿　青龍海底急翻身
神鷹捉兔斜飛速　野馬拉車向前奔
喜鵲登枝梅花步　仙人點石變成金
金蛇纏珠連環手　古樹盤根緊貼身

懷抱琵琶金剛式　搬攔劈椎硬攻心
如風雙掌貓撲蝶　撇山一錘虎攔門
蝴蝶翻飛八卦掌　蛟龍出海九宮穿
貓行雪地輕落足　虎坐石崖靜如山
醉舞蠻歌無法制　蛇纏鵲躍見真詮
靜中忽動動忽靜　離奇閃轉用心參
軟硬急遲皆隨意　神機變化意珠圓
靜如處女動如虎　屈伸開合出天然
須問身中尋造化　得道存心莫妄傳

太極十三式歌

長蛇串珠扭腰功　屈伸開合身體輕
尾能護頭頭顧尾　柔軟功夫第一宗

靈鵲起尾頭相連　梅花枝上喜又歡
前躥後躍無歇息　圓機活法是真詮
熊羆慢步力千鈞　撐襠坐跨似推輪
海底聚得精華滿　一輪明月照乾坤
獅子欣然大張口　搖頭擺尾滾圓球
上下左右前後轉　六合乾坤掌中揉
猿猴舒手去偷桃　左右通背將身搖
遠近高低隨意去　筋長力大樂逍遙
豹虎爬山用力掙　雄輕到處永神風
周身布得英雄氣　換骨脫胎力無窮
鶴舞鬆蔭體態和　輕刷漫洗運磋磨
提膝抖翅心神靜　胎仙練就意靈活
野馬分鬃鹿突形　流星趕月快如風

銅牆鐵壁難遮擋　一擁身軀入太空
雉雞司晨止向前　腿似提爐獨立豎
隨意尋食能自得　纖毫難脫定中觀
狸貓捕鼠伏身看　機倒神如出自然
隱現蹲聳形神妙　回環閃轉軟如棉
彩鳳出山飛展翅　朝陽頂上起光輝
中天麗日為君主　動靜懸元莫背違
蟠龍獻珠起雲端　升降飛騰縹緲間
探抓攫撈海底月　神隨意得證金山
金蟾望月愛光陰　一息相通倍有情
氣候圓時吞入腹　明珠一粒落黃庭

十三勢總丹歌

獅子搖頭趕月丹法　長蛇串珠扭腰丹法
靈鵲起尾遇枝丹法　猿猴通背易筋丹法
猛虎爬山換骨丹法　鶴舞鬆蔭運體丹法
老熊慢步聚精丹法　金蟾獻錢煉氣丹法
彩雞覓食提爐丹法　大鵬展翅比翼丹法
蟠龍現形神化丹法　狸貓捕鼠布形丹法
仙人指路明心丹法　有單煉有雙煉丹法

太極拳歌訣

提頂吊襠心中懸　兩膀輕鬆力自然
按式懷把七星抱　雙手推出拉單鞭

抽身蝶步望空看　白鶴亮翅飛上天
摟膝拗步將身下　風擺荷葉跺旁邊
上式先打迎面掌　回手變拳打腰間
雙手推出望下按　又是二郎來擔山
連環掌打英雄面　抽身還使虎推山
回頭拉出單鞭式　肘底看拳果然鮮
倒捻猴兒往後退　白鶴展翅到雲端
摟膝拗步重下式　青龍出水把身翻
雙手一推連身倒　扭頸回頭拉單鞭
雲手三下高探馬　左右指腳誰敢攔
回頭進步栽錘打　二起腳法踢破天
倒跌一式連腿跳　轉身雙按把他攔
迎面一錘遮雙掌　雙手抱虎去推山

回頭斜拉單鞭式　野馬分鬃往外翻
單鞭拗步往上進　玉女穿梭緊相連
單鞭重式真可用　雲手揮出探馬拳
金雞獨立分左右　倒捻猴兒又一翻
白鵝亮翅把身長　摟膝拗步護下邊
回身鎚打雙飛掌　左右使開肘底拳
雲手三現高探馬　十字指腳往後翻
指襠錘兒打的好　伏身上步七星拳
收身退步拉跨虎　轉身又打雙百連
海底撈月雙通背　臥弓射虎面向前
懷抱雙拳誰敢進　走邊天涯無人攔
太極拳歌完。一名長拳，又名五星拳，又名八背熊拳。

太極跑步大架子八手

穿插手，雙按掌，雙按掌，向心掌，劈山掌，搬攔掌，穿梭，拋梭式，斜飛式。

山右王宗岳拳論

太極者，無極而生，動靜之機，陰陽之母也。動之則分，靜之則合。無過不及，隨曲就伸。人剛我柔謂之走，我順人背謂之黏。動急則急應，動緩則緩隨，雖變化萬端，而理由一貫。由着熟而漸悟懂勁，由懂勁而階及神明，然非用力之久，不能豁然貫通焉。

虛領頂勁，氣沉丹田，不偏不倚，忽隱忽現。左重則右虛，右重則左杳。仰之則彌高，俯之則彌深。進之則愈長，退之則愈促。一羽不能加，蠅蟲不能落。人不知我，我獨知人。英雄所向無敵，蓋皆由此而及也。

斯技旁門甚多，雖勢有區別，概不外乎壯欺弱，慢讓快耳。有力打無力，手慢讓手快，是皆先天自然之能，非關學力而有為也。

察四兩撥千斤之句，顯非力勝。觀耄耋能禦眾之形，快何能為。立如秤準，活似車輪。偏沉則隨，雙重則滯。每見數年純功不能運化者，率皆自為人制，雙重之病未悟耳。欲避此病，須知陰陽。黏即是走，走即是黏。陰不離陽，陽不離陰，陰陽相濟，方為懂勁。懂勁後，愈練愈精，默識揣摩，漸至從心所欲。本是捨己從人，多誤捨近求遠。所謂差之毫釐，謬以千里，學者不可不詳辨焉。是為論。

太極拳論

一舉動，周身俱要輕靈，尤須貫串。氣宜鼓蕩，神宜內斂，無使有缺陷處，無使有凹凸處，無使有斷續處。其根在腳，發於腿，主宰於腰，形於手指，由腳而腿而腰，總須完整一氣，向前退後，乃得機得勢，有不得機得勢處，身便散亂，其病必於腰腿求之。上下前後左右皆然，凡此皆是意，不在外面。有上即有下，有前即有後，有左即有右，如意要向上，即寓下意，若將物掀起而加以挫之之意，斯其根自斷，乃壞之速而無疑。

虛實宜分清楚，一處自有一處虛實，處處總此一虛實，周身節節貫串，無令絲毫間斷耳。

長拳者，如長江大海，滔滔不絕也。

十三勢者：掤、握、擠、按、採、挒、肘、靠，此八卦也，進步、退步、左顧、右盼、中定，此五行也。掤、握、擠、按，即乾、坤、坎、離，四正方也。採、挒、肘、靠，即巽、震、兌（原文脫「兌」字）、艮，四斜角也。進、退、顧、盼、定，即金、木、水、火、土、也。

原注云：此係武當山張三豐老師遺論，欲天下豪傑延年益壽，不徒作技藝之末也。

高抬懸起謂之沾　欺倚纏繞謂之粘（黏）

連接不斷謂之連　彼動己應謂之隨

十三勢架

懶紮衣，單鞭，提手上勢，白鶴亮翅，摟膝拗步，上式搬攬錘，如封似閉，抱虎推山，單鞭，單鞭，肘底看拳，倒捻猴，白鶴亮翅，摟膝拗步，三通背，單鞭，雲手，高探馬，左右起腳，轉身踢一腳蹬一腳，上步搬攬錘，如封似閉，抱虎推山，斜單鞭，野馬分鬃，單鞭，雲手下式，金雞獨立，倒捻猴，白鶴亮翅，摟膝拗步，通背，單鞭，雲手，高探馬，十字擺蓮，上步指襠錘，單鞭，上步七星，下步跨虎，轉腳擺蓮，彎弓射虎，雙抱錘。

十三勢行功心解

以心行氣，務令沉著，乃能收斂入骨。以氣運身，務令順遂，乃能便利從心。精神能提得起，則無偏重之虞，所謂頂頭懸也。意氣須換得靈，乃有圓活之趣，所謂變動虛實也。發勁須沉著鬆靜，專主一方，立身須中正安舒，支撐八面。行氣如九曲珠，無微不利，氣遍身軀之謂。運勁如百煉之鋼，何堅不摧。形如搏兔之鵠，神如捕鼠之貓。靜如山岳，動似江河。蓄勁如開弓，發勁如放箭，曲中求直，蓄而後發。力由脊發，步隨身換，收即是放，斷而後連（原文脫一「後」字）。往復須有折疊，進退須有轉換。極柔軟，然後極堅剛；能呼吸，然後能靈活。氣以直養而無害，勁以曲蓄而有餘。心為令，氣為旗，腰為纛。先求開展，後求緊湊，乃可臻於縝密矣。

又曰：先在心，後在身，腹鬆，氣斂入骨，神舒體靜，刻刻存心。切記：一動無有不動，一靜無有不靜；牽動往來氣路（衍一「路」字）貼背，斂入脊骨。內固精神，外示安逸。邁步如貓行，運勁如抽絲。全身意在精神，不在氣，在氣則滯；有氣者無力，無氣者純剛，氣若車輪，腰如車軸。所謂轉軸胳膞擰繩腰矣。

兪蓮舟得授全體秘訣論

兪家太極功，名曰先天拳，亦曰長拳。得唐李道子所傳。道子係江南安慶人，至宋時，與遊莫逆，至明時，李道子常居武當山南岩宮，不食茅啖麥麩粄合，故又曰夫子李也。即李道子先師也。每見人不及他語，惟云大造化三字。既云唐人，何以知之明時夫子李，即是李道子先師也？緣予上祖遊江南涇縣俞家，方知先天拳亦如予之三十七式，太極之別名也。而又知俞家，唐道子所傳也。俞家代代相承之功，每歲往別，李道子延至宋時尚在也，越代不知所往也。至明時，予同俞蓮舟遊湖廣襄陽府均州五當山，夫子見之叫曰：「徒再孫焉往？」蓮舟抬頭一看，斯人面垢厚髮，不知何如參天地味臭。蓮舟心怒曰：「爾言之太過也。我現汝一掌必死爾。爾去罷。」夫子李云：「重孫，我看看你這手。」蓮舟上前，掤帶錘，未依身，則起十丈高許，落下，未壞拆筋骨。蓮舟曰：「你總練過功夫，不然能勝我者鮮矣。」夫子云：「你與俞清慧、俞一誠認識否？」蓮舟聞之默然：「此皆予上祖之名也。」急跪曰：「原是我先祖師至也。」夫子曰：「吾在此幾十韶光未語，今見你誠哉大造化也。授你如此如此。」蓮舟自此不但無敵，而後亦得全體大用矣。

予上祖宋遠橋與蓮舟、俞岱岩、張松溪、張翠山、殷利亨、莫谷聲，久相往來金陵之境。夫子李先師授俞蓮舟秘歌云：

無聲無象　全體透空
應懷自然　西山懸罄
虎吼猿鳴　水清河婧
翻江攪海　盡性立命

此歌予七人皆知其句，後予七人同五當山拜夫子李不見。道經玉虛宮太和山元高之地，遇玉虛子張三豐老師。此張松溪、張翠山之師也。身長七尺有餘，美如戟，寒暑為一笘笠，能行千里遠。自洪武初至太和山修煉，予七人共拜之，山提面命，月餘後歸。自此不絕其往拜。

玉虛子所傳，惟張松溪、張翠山。拳名十三式，亦有太極功之別名也，亦曰長拳。

宋氏家傳太極功源流支派論

宋遠橋續記，所謂學者不失其本也。自予而上溯，始得太極之功者，受業於唐于歡，許宣平也，至予十四代也。有斷者，有續者耳。許先師，係江南徽州府歙縣人。隱城陽山，即本府城南紫陽。結簷南陽，辟穀。身長七尺六，髯長至臍，髮長至足，行及奔馬。每負薪賣於市。獨曰：負薪朝出賣，日夕沽酒歸。借問家何處，穿雲入翠微。李白訪之不遇，題詩望山橋而返。所傳太極功，拳名三十七，因三十七式也。

三十七式名目列之於後：

四正，四隅，雲手，彎弓射虎，揮琵琶，進搬攔，簸箕式，鳳凰展翅，雀起尾，單鞭，上提手，倒攆猴頭，摟膝拗步，肘下錘，斜飛式，雙鞭翻身，搬攔，玉女穿梭，七星八步，高探馬，單擺蓮，上跨虎，九宮步，攔鵲尾，閃通背，海底針，彈指擺蓮，轉身指襠錘，雙擺蓮，金雞獨立，泰山生葉，野馬分鬃，如封似閉，左右分腳，掛樹踢腳，推碾三起腳，抱虎推山，十字擺蓮，七星八步，雙擺蓮，雙鞭在外，因自己多坐用的工夫，其餘三十七式敉是先師之可傳也。此式應先一式練成，再練一式，萬不可心急，齊用三十七式，卻無論何式先後，只要一一將式用成，自然三十七式勢，皆化為相繼也。故又謂之曰長拳。腳踩五行，懷藏八卦，離東坎西，掤攦擠按，四正也，採挒肘靠，四隅也。

三十七心會論

腰脊為第一主宰　　頂為第二之主宰

地心為第三之主宰　　丹田為第一之賓輔

掌指為二之賓輔　　足掌為第三之賓輔

三十七周身大用論

一要性心與意靜　自然無處不輕靈
二要遍體氣流行　一定繼續不能停
三要頂頭永不拋　問盡天下無知曉
四要英雄　如詢大緣何由得　表裡精粗無不通
（二水案：原文有衍脫）

十六關要論

活潑於腰，靈機於頂，神通於背，流行於氣，行之於腿，蹬之於足，運之於掌，施之於指，斂之於髓，達之於神，凝之於耳，息之以鼻，縱之於膝，渾噩一身，呼吸往來於口，全體發之於毛孔。

八字歌

掤擺擠按世間稀，十個藝人十不知。
若能輕靈並堅硬，粘連黏隨俱無疑。
採挒肘靠奇妙術，行之不用費心思。
果得粘連黏隨字，得其語中不支離。

功用歌

輕靈活潑求懂勁　陰陽既濟無滯病
若能四兩撥千斤　開合鼓蕩主宰之

八方掌

太極者，純功也。於易經者，不能得也。以易經一書，必須朝夕悟在心內，必須朝夕會在身中。起以象外，得其寰中。人所不知，而己獨知之妙，若非得師一點法之傳，如何能使我手之舞之，樂在其中矣。

四性歸原歌

世人知己之性，何能得知人之性？
物亦如人之性，至如天地亦此性。
我賴天地以存身，天地賴我以局。
若能志求知我性，天地受我偏獨靈。

胡鏡子在揚州，自稱知名，不知姓氏。此是宋仲殊之師。仲殊，安州人，常遊姑蘇，台柱上倒書一絕云：天長地久任悠悠，你既無心我亦休，浪跡天涯人不管，春風吹笛酒家樓。

仲殊所傳殷利亨太極拳，名曰後天法。亦是挪攦擠按採挒肘靠也，然而式法名目不同，其功用則一也。如一家分居，各有所為也，然而根本則一也。

後天法目

陽肘，陰肘，遮陰肘，肘晾陽肘，肘裡槍肘，開花八方錘，陰五掌，陽五掌，單鞭肘，雙鞭肘，臥虎肘，雲飛肘，研磨肘，山通肘，兩膝肘，一膝肘。

小九天法式

七星八步，開天門，什舒提手，臥虎跳澗，單鞭射雁，穿梭，白鶴升空，打襠捶，葉裏花，頂頭雲，攔鵲尾。

太極歌

太極長拳獨一家，無窮變化洵非誇，
妙處全憑能借力，當場著意莫輕拿。

掌拳肘合腕，肩腰胯膝腳，

上下九節勁，言明須知曉。

約　言

順人之勢，借人之力。

宋氏戒律

不傳無德者，不傳不孝父母者，不傳不知師弟之情及得地（二水按：「地」，蓋「技」之誤）忘師者，不傳收不住藝及當街賣藝者，不傳志不堅中途而廢者，不傳無納履之心者，不傳好怒好惱者，不傳外欲太多者，不傳匪事多端者。

用功五誌

博學，審問，慎思，明辨，篤行。

用功四忌

忌飲過量之酒，忌取無義之財，忌色當色夫婦之道要將有別，忌動不合中之氣。

用功小忌

飲多，食多，濫事多。

練藝八病

瘸，癱，瞎，笨，死，棚頭，下墜，燕拔脖。此乃練藝最忌之八病也。

練藝十二不准

一不准不忠國家，二不准不孝父母，三不准不義夫妻，四不准不友兄弟，五不准不信朋友，六不准好酒誤事，七不准好色敗德，八不准貪財無良，九不准盛氣忘身，十不准不正衣履，十一不准輕道背師，十二不准因小廢大，任性縱欲妄為。

三傳

一傳忠正廉明良朋善友敬賢徒，

二傳好義好德有勇有謀之人，

三傳可以接續道脈之門生。

大八戒

一戒酗酒鬥狠，二戒邪淫亂倫，
三戒貪利廢義，四戒嗔忿欺人，
五戒不敦品性，六戒不立倫常，
七戒見義不為，八戒學而不傳。

小八戒

一戒好勇好鬥，二戒以藝壓人，
三戒以藝凌人，四戒偷盜敗道，
五戒陰險奸詐，謀害正人，
六戒見惡不除，七戒欺師滅祖，壞道謀身，
八戒應救不救，無勇無剛。

練武收徒所傳九字神法：南無呾哆般噠喇吽

練藝於每日太陽似出不出之時，面衝東南呼吸六口，即：哈心，噓肝，呼脾，呬肺，吹腎，嘻六腑。每字不可出聲，專去臟腑邪熱。

太極發起歌論傳

昔日軒轅到常山，忽遇蛇鵲鬥坡前。
鵲啄蛇頭蛇尾應，鵲啄蛇尾頭相連。
鵲啄蛇腰首尾應，黃帝因知非偶然。
細觀二物須相鬥，始此流傳太極拳。

打手歌

掤攦擠按須認真，上下相隨人難進。
任他巨力來打我，牽動四兩撥千斤。
引進落空合即出，黏連依隨不丟頂。
被打欲跌須雀躍，擠住難逃用蛇形。
拔背含胸合太極，裹襠護臀踩五行。
學者悟澈玄中意，一身妙法豁然能。

又　曰

彼不動，己不動。彼微動，己先動。
似鬆非鬆，將展未展，勁斷意不斷。

打手撒放

掤，上平。業，入聲。噫，上聲。咳，入聲。呼，上聲。吭。呵。哈。

於練藝，每日太陽似出不出之時，每天六口，面向東南，每字不可出聲，專去臟腑邪熱。

太極小架

向心掌，過梭，纏攔，琵琶式，鶴步掌，摟膝拗步，斜飛式，單鞭。

太極離粘隨群戰八大趟子

進步斜飛，退步斜飛，斜飛橫手，向心掌，十字步向心掌，變步向心掌，撇梭掌，蛇纏鶴躍步。

太極離粘隨密傳八法

抽身閃，轉身閃，圓身閃，蹲身閃，聳身閃，抽手閃，猛離閃，隨風閃。

太極八掌

迎風掌，順風掌，駃掌，探馬掌，托肚掌，穿梭掌，揉掌，撲鼠掌。

太極八剛（即八種剛勁）

弓勁，箭督，風猛，炮燃，雷震，電閃，山峙，剛硬。

如箭之中的，必透七孔而後已；如炮之燃火，務求穿山透壁之功；如牆之倒坍，欲避而不能；如迅雷之猛烈，而無掩耳之功夫；如大風之強猛，草石俱偃矣。

太極十二柔（即十二種柔勁）

輪轉，平準，球滾，膠粘，磁吸，木漂，水流，金柔，綿軟，針尖，絲纏，籠底。

籠中崩豆，弓圓箭遠，隨風使船，順水推舟。

太極十二形八面熊拳內容

蛇纏，鵲躍，雞啄，龍蟠，虎坐，貓撲，鶴舞，鷹拿，猴蹲，熊經，燕輕，猱進。

貓行慢路，艮； 鷹梭快路，巽；

鶴舞鬆路，乾； 鵲躍大路，震；

猴蹲小路，兌； 雞啄中宮路，大通。

猱進煉精路，虎猛煉氣路，龍蟠煉神路。

太極拳架類別　每一趟拳有九種架式（二水按：題標九種架式，下文只有八種，或係傳抄誤植所致。）

剛架子，乾；柔架子，坤；快架子，艮；大架子，震；小架子，兌；鬆架子，離；緊架子，坎；中平架子，大通。

外太極三字訣秘傳口訣

半個圈）　似月牙☽　三字訣≋　上下插乂

顛與倒)(　不離家○　反乎此（　亂如痲乂

內太極三字訣秘傳口訣

呼吸氣　真太極　子午窟　先天地

玄中玄　密中秘　升與降　開與閃
河車靈　三寶聚　內丹成　仙道立
練神功　成妙技　勿妄傳　多仔細

釣蟬（蟾）歌

蟾戲金錢錢擊蟾，金錢釣起海底蟾。
金蟾相惜莫相捨，數萬金錢一貫串。
五星五錘連五氣，三七慧劍乃真傳。
無極神功真妙法，光明覺路入玄關。

青萍劍歌

觀風式，審機式，舉鼎式，勒馬式，提鈴式，
挑衣式，回扇式，撩陰式，朝陽式，流星式，

烏龍入洞，白馬騰空，金盆落月，移星換斗，
倒挑金冠，惡虎掏心，孤雁出群，金雞下架，
開天闢地，白蛇鑽壇，葉裡藏花，拈花示眾，
五雲罩頂，管中窺豹，迎風貼扇，蘇秦背劍，
當道斬蛇，仙掌接露，衣錦榮歸，驛馬抖韁，
青龍擺尾，翻江攪海，夜叉探海，青龍探爪，
滾鞍下馬，宿鳥投林，虎臥鳳閣，青龍戲水，
走馬上任，金雞展翅，下海擒龍，梨花滾袖，
倒吊金蟾，舉火燒天，騎龍勢，金雞獨立，
引猿入寨，指南針，白猿偷桃，托天架勢，
金剛晾背，騰蛟起鳳，左展翅式，右展翅式，
雙手捧印，白猿獻果，舞鶴遊天，白衣送酒，
伏虎式，順手牽羊，湘子提籃，鐵牛耕地，

海底撈月，懷中抱月，以上六十四劍之式也。

寶劍口訣

得來此藝莫輕傳，步動手開掣電然。
撩掠滾殺隨勢變，挑壓搠扣向機旋。
盤攔仰攬擊疊進，高劈低提刺直鑽。
內有一言須謹記，短能長用是真詮。

武當嫡傳　武清派太極清豐劍原序

蓋聞世上之兵器，率以長槍為百兵之上。以余觀之，豈其然哉！夫長槍力重，變化無窮，短兵本難敵之也。究其原因，皆由於使短器者，習練有所不精耳。否則，長槍既為古人之所留，而短器亦為古人所發明。若短不能勝長時，則是槍為有用，所有短器皆為無用者乎？果爾，則古人只留長武器，何必復留短器也哉？

既長短重留，則必長短均能致勝也。況以短器出名者，歷代以來，頗不乏人，由此觀之，其短不勝長者，非不精而何？究其不精之故有二：一則其初時，未遇明師指教；再則既學之後，只務外面花樣開式，不求內裡精蘊。故當迎鋒對壘之時，短兵相交之際，當然手足無措，意亂心慌，若再遇長槍，豈有不敗者乎？！即敗之後，不思所以所敗之由，竟謂短不勝長，反以長槍為無上，不亦誤哉！

余有鑑於此，而心有所不滿，即細心揣摩，專門研究各種短器，結果則以重劍為最上。余故好之。須知寶劍雖然身短力弱，但一遇長槍之時，身雖短而佐之以步，則短而可長。力雖弱而應之以隨，則弱可克剛。

余在閒暇之時，揉取各派劍術之所長，追究其理，精研其勢，熔冶於一爐，僅得六十四式名目，運用要義，方為異注，雖不能駕手長槍以王，亦不至甘敗下風矣。

然余一人之學識有限，亦未敢自足，不過在此以待同道之高明者，相為佐證，以指乖謬，相互研究云爾。

武清　李瑞東謹志

光緒十八年巧月望日

二、金庸筆下的《九陽眞經》

《神雕俠侶》裡的《九陽眞經》

第四十章「華山之巔」覺遠述說《九陽眞經》的來歷：

這部《楞伽經》中的夾縫之中，另有達摩祖師親手書寫的一部經書，稱為《九陽真經》。

小僧職司監管藏經閣，閣中經書自是每部都要看上一看。想那佛經中所記，盡是先覺的至理名言，小僧無不深信，看到這《九陽真經》中記著許多強身健體、易筋洗髓的法門，小僧便一一照做，數十年來，勤習不懈，倒也百病不生；近幾年來又揀著容易的教了一些給君寶。那《九陽真經》只不過教人保養有色有相之身，這臭皮囊原來也沒甚麼要緊，經書雖是達摩祖師所著，終究是皮相小道之學，失去倒也罷了。

覺遠指點徒兒君寶口述的《九陽眞經》經文：

你該氣沉於淵，力凝山根。

故示以虛，以無勝有。運氣之時，須得氣還自我運，不必理外力從何方而來。這山峰他自屹立，千古如是。

但你要記得，虛實須分清楚，一處有一處虛實，處處總此一虛實。你記得我說，氣須鼓蕩，神宜內斂，無使有缺陷處，無使有凹凸處，無使有斷續處。

經中說道：要用意不用勁。隨人而動，隨屈就伸，挨何處，心要用在何處……

要知道前後左右，全無定向，後發制人，先發制於人啊。

我勁接彼勁，曲中求直，借力打人，須用四兩撥千斤之法。

《倚天屠龍記》裡的《九陽眞經》

第二章「武當山頂松柏長」中，覺遠彌留之際，口授偷窺自少林藏經閣中《楞伽經》夾縫裡的《九陽眞經》：

彼之力方礙我之皮毛，我之意已入彼骨裡。兩手支撐，一氣貫通。左重則左虛，而右已去，右重則右虛，而左已去。

氣如車輪，周身俱要相隨，有不相隨處，身便散亂，其病於腰腿求之。

先以心使身，從人不從己，從身能從心，由己仍從人。由己則滯，從人則活。能從人，手上便有方寸，秤彼勁之大小，分厘不錯；權彼來之長短，毫髮無差。前進後退，處處恰合，工彌久而技彌精。

彼不動，己不動，彼微動，己已動。勁似寬而非鬆，將展未展，勁斷意不斷。

力從人借，氣由脊發。胡能氣由脊發？氣向下沉，由兩肩收入脊骨，注於腰間，此氣之由上而下也，謂之合。由腰展於脊骨，布於兩膊，施於手指，此氣之由下而上也，謂之開。合便是收，開便是放。能懂得開合，便知陰陽。

第三章「寶刀百煉生玄光」篇末注：

據舊籍載，張三豐之七名弟子為宋遠橋、俞蓮舟、俞岱岩、張松溪、張翠山、殷利亨、莫谷聲七人。殷利亨之名當取義於《易經》「元亨利貞」，但與其餘六人不類，茲就其形似而改名為「梨亭」。

第九章「七俠聚會樂未央」裡俞蓮舟述說《九陽眞經》源流：

恩師自九十五歲起，每年都閉關九個月。他老人家言道，我武當派的武功，主要得自一部《九陽真經》。可是恩師當年蒙覺遠祖師傳授真經之時，年紀太小，又全然不會武功，覺遠祖師也非有意傳授，只是任意所之，說些給他聽，因之本門武功總是尚有缺陷。這《九陽真經》據覺遠祖師說是傳自達摩老祖。但恩師言道，他越是深思，越覺未必盡然。一來真經中所說的秘奧與少林派武功大異，反而近於我中土道家武學；二來這《九陽真經》不是梵文，而是中國文字，夾寫在梵文的《楞伽經》的字畔行間。想達摩老祖雖然妙悟禪理，武學淵深，他自天竺西來，未必精通中土文字，筆錄這樣一部要緊的武經，又為甚麼不另紙書寫，卻要寫在另一部經書的行間？

當年聽得覺遠祖師傳授《九陽真經》的，共有三位。一是恩師；一是少林派的無色大師；另一位是個女子，那便是峨眉派的創派祖師郭襄郭女俠。

當年傳得《九陽真經》的三位，悟性各有不同，根柢也大有差異。武功是無色大師最高；郭女俠是郭大俠和黃幫主之女，所學最博；恩師當時武功全無根基，但正因如此，所學反而最精純。是以少林、峨眉、武當三派，一個得其「高」，一個得其「博」，一個得其「純」。三派武功各有所長，但也可說各有所短。

第十六章「剝極而復參九陽」中：

那白猿年紀已是極老，頗具靈性，知道張無忌給它治病，雖然腹上劇痛，竟強行忍住，一動也不動。張無忌割開右邊及上端的縫線，再斜角切開早已連結的腹皮，只見它肚子裡藏著一個油布包裹。這一來更覺奇怪，這時不及拆視包裹，將油布包放在一邊，忙又將白猿的腹肌縫好。手邊沒有針線，只得以魚骨作針，在腹皮上刺下一個個小孔，再將樹皮撕成細絲，穿過小孔打結，勉強補好，在創口敷上草藥。忙了半天，方始就緒。白猿雖然強壯，卻也是躺在地下動彈不得了。張無忌洗去手上和油布上的血跡，打開包來看時，裡面原來是四本薄薄的經書，只因油布包得緊密，雖長期藏在猿腹之中，書頁仍然完好無損。書面上寫著幾個彎彎曲曲的文字，他一個也不識得，翻開來一看，四本書中盡是這些怪文，但每一行之間，卻以蠅頭小楷寫滿了中國文字。他定一定神，從頭細看，文中所記，似是煉氣運功的訣竅，慢慢誦讀下去，突然心頭一震，見到三行背熟了的經文，正是太師父和俞二伯所授的「武當九陽功」，但下面的文字卻又不同。他隨手翻閱，過得幾頁，便見到「武當九陽功」的文句，但有時與太師父與俞二伯所傳卻又大有歧異。他心中突突亂跳，掩卷靜思：「這到底是甚麼經書？為甚麼有武當九陽功的文句？可是又與武當本門所傳的不盡相同？而且經文更多了十倍也不止？」

這部經書，確然便是《九陽真經》，至於何以藏在猿腹之中，其時世間已無一人知曉。原來九十餘年之前，瀟湘子和尹克西從少林寺藏經閣中盜得這部經書，被覺遠大師直追到華山之巔，眼看無法脫身，剛好身邊有隻蒼猿，兩人心生一計，便割開蒼猿肚腹，將經書藏在其中。後來覺遠、張三豐、楊過等搜索瀟湘子、尹克西二人身畔，不見經書，便放他們帶同蒼猿下山。《九陽真經》的下落，成為武林中近百年來的大疑案。後來瀟湘子和尹克西帶同蒼猿，遠赴西域，兩人心中各有所忌，生怕對方先習成經中武功，害死自己，互相牽制，遲遲不敢取出猿腹中的經書，最後來到崑崙山的驚神峰上，尹瀟二人互施暗算，鬥了個兩敗俱傷。這部修習內功的無上心法，從此留在蒼猿腹中。瀟湘子的武功本比尹克西稍勝一籌，但因他在華山絕頂打了覺遠大師一拳，由於反震之力，身受重傷，因之後來與尹克西相鬥時反而先行斃命。尹克西臨死時遇見「崑崙三聖」何足道，良心不安，請他赴少林寺告知覺遠大師，那部經書是在這頭猿猴的腹中。但他說話之時神智迷糊，口齒不清，他說「經在猴中」，何足道卻聽作甚麼「經在油中」。何足道信守然諾，果然遠赴中原，將這句「經在油中」的話跟覺遠大師說了。覺遠無法領會其中之意，固不待言，反而惹起一場絕大的風波，武林中從此多了武當、峨眉兩派。至於那頭蒼猿卻甚是幸運，在崑崙山中取仙桃為食，得天地之靈氣，過了九十餘年，仍是縱跳如飛，全身黑黝黝的長毛也盡轉皓白，變成了一頭白猿。

不久便在第二卷的經文中讀到一句：「呼翕九陽，抱一含元，此書可名九陽真經。」才知這果然便是太師父所念念不忘的真經寶典，欣喜之餘，參習更勤。加之那白猿感他治病之德，常採了大蟠桃相贈，那也是健體補元之物。

這日午後，將四卷經書從頭至尾翻閱一遍，揭過最後一頁之後，心中又是歡喜，又微微感到悵惘。在山洞左壁挖了個三尺來深的洞孔，將四卷九陽真經、以及胡青牛的醫經、王難姑的毒經，一起包在從白猿腹中取出來的油布之中，埋在洞內，填上了泥土，心想：「我從白猿腹中取得經書，那是極大的機緣，不知千百年後，是否又有人湊巧來到此處，得到這三部經書？」拾起一塊尖石，在山壁上劃下六個大字：「張無忌埋經處」。他在練功之時，每日裡心有專注，絲毫不覺寂寞，這一日大功告成，心頭登時反覺空虛，兼之神功既成，膽氣頓壯。

三、許宣平、夫子李、張松溪、張三豐、程靈洗、仲殊圖集資料

《續仙傳》之許宣平（圖一～圖四）：

應召城闕莫知甲子之數且謂義皇上人問以道樞
盡會宗極今則將行朝禮爰升寵命可銀青光祿大
夫號通玄先生果累陳老病乞歸恒州賜絹三百疋
隨從弟子二人給驛肩舁到恒州弟子一人放迴一
人相隨入山天寶初明皇又遣徵詔果聞之忽卒弟
子葬之後發之但空棺而已

許宣平

許宣平新安歙人也唐睿宗景雲年中隱於城陽山南
塢結庵以居不知其服餌但見不食顏若四十許人

圖一

輕健行疾奔馬時或負薪以賣薪檐常掛一花瓢及
曲竹杖每醉行騰騰以歸吟曰負薪朝出賣沽酒日
西歸時人莫問我穿雲入翠微邇來三十餘年或施
人危急或救人疾苦城市之人多訪之不見但覽庵
壁題詩云隱居三十載築室南山巔靜夜翫明月閑
朝飲碧泉樵人歌壠上谷鳥戲巖前樂矣不知老都
忘甲子年好事者多誦其詩有抵長安者於驛路洛
陽同華間傳舍是處題之天寶中李白自翰林出東
遊經傳舍覽詩吟之嘆曰此仙人詩也詰之於人得

圖二

宣平之實白於是遊及新安涉溪登山累訪之不得
乃題詩於庵壁曰我吟傳舍詩來訪仙人居烟嶺迷
高跡雲林隔太虛窺庭但蕭索倚杖空躊躕應化遼
天鶴歸當千載餘宣平歸庵見壁詩又吟曰一池荷
葉衣無盡兩畝黃精食有餘又被人來尋討著移庵
不免更深居其庵後爲野火燒之莫知宣平蹤跡後
百餘載至咸通十二年郡人許明恕家有婢常逐伴
入山採樵一日獨於南山中見一人坐石上方食桃
甚大問婢曰汝許明恕家人也婢曰是其人曰我即

圖三

明恕之祖宣平也婢言曰常聞家內說祖翁得仙多
年無由尋訪宣平謂婢曰汝歸爲我向明恕道我在
此山中與汝一桃食之不得將出山內虎狼甚多山
神惜此桃婢乃食之甚美頃之而盡遣婢隨樵人歸
家言之婢歸覺檐樵輕健到家具言入山逢祖翁宣
平其明恕嗔婢將上祖之名牽呼取杖打之其婢隨
杖身起不知所之後有人入山內逢見婢童顏輕健
身衣樹皮行疾如風遂入昇林木而去

劉商

圖四

許宣平，新安歙縣人也。睿宗景雲年中，隱於城陽山南塢，結庵以居，不知其服餌，但見不食，顏若四十許人，輕健行疾奔馬。時或負薪以賣，薪擔常掛一花瓢及曲竹杖，每醉行騰騰以歸，吟曰：「負薪朝出賣，沽酒日西歸，路人莫問我，穿雲入翠微。」

邇來三十餘年，或施人危急，或救人疾苦。城市之人多訪之，不見，但覽庵壁題詩云：「隱居三十載，築室南山巔。靜夜翫明月，閑朝飲碧泉。樵人歌壟上，谷鳥戲巖前。樂以不知老，都忘甲子年。」

好事者多誦其詩，有抵長安者，於驛路洛陽同華間傳舍，是處題之。天寶中，李白自翰林出，東遊經傳舍，覽詩吟之，歎曰：「此仙人詩也。」詰之於人，得宣平之實。白於是遊及新安，涉溪登山，累訪之不得，乃題詩於庵壁曰：「我吟傳舍詩，來訪仙人居。煙嶺迷高跡，雲林隔太虛。窺庭但蕭索，倚仗空躊躕。應化遼天鶴，歸當千載餘。」宣平歸庵，見壁詩，又吟曰：「一池荷葉衣無盡，兩畝黃精食有餘。又被人來尋討著，移庵不免更深居。」其庵後被野火燒之，莫知宣平蹤跡。

後百餘載，至咸通十二年，郡人許明恕家有婢，常逐伴入山採樵，一日獨於南山中，見一人坐於石上，方食桃甚大，問婢曰：「汝許明恕家人也？」婢曰：「是。」其人曰：「我即明恕之祖宣平也。」婢言曰：「常聞家內說，祖翁得仙多年，無由尋訪。」宣平謂婢曰：「汝歸為我向明恕道，我在此山中。與汝一桃食之，不得將出，山內虎狼甚多，山神惜此桃。」婢乃食之，甚美，頃之而盡。遣婢隨樵人歸家言之。婢歸覺擔樵輕健，到家俱言：「入山逢祖宣平。」其明恕嗔婢將上祖之名牽呼，取杖打之。其婢隨杖身起，不知所之。

《唐詩紀事》之許宣平（圖五）

新安人也，常掛一花瓢及曲竹杖

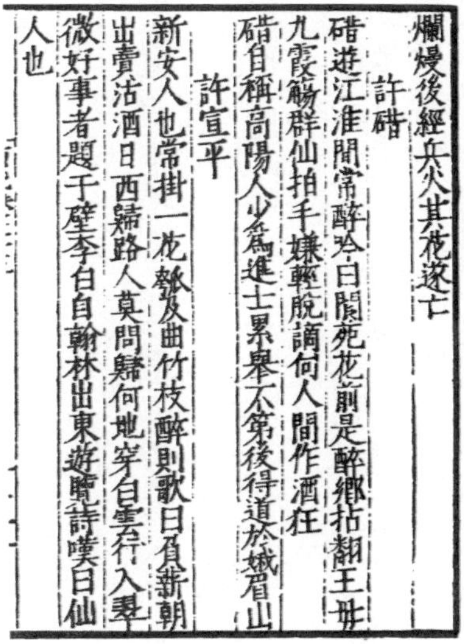
爛熳後經兵火其花遂亡
許碏
碏進江淮間常醉吟曰閬苑花前是醉鄉拈翻王母九霞觴群仙拍手嫌輕脫謫向人間作酒狂
碏自稱高陽人少為進士累舉不第後得道於峨眉山
許宣平
新安人也常掛一花瓢及曲竹枝醉則歌曰負薪朝出賣沽酒日西歸路人莫問歸何地穿白雲行入翠微好事者題于壁李白自翰林出東遊覽詩嘆曰仙人也

圖五

枝，醉則歌曰：「負薪朝出賣，沽酒日西歸，路人莫問歸何地，穿白雲行入翠微。」

好事者題詩於壁，李白自翰林出，東遊覽詩，歎曰：「仙人也！」

《月旦堂仙佛奇蹤》之許宣平（圖六～圖八）

許宣平，新安歙縣人。唐睿宗景雲中，隱於城陽山南塢，結庵以居。不修服餌，顏若四十許人。時負薪賣於市，擔上常掛一花瓢，攜曲竹杖。每醉，吟，騰騰以歸，吟曰：「負薪朝出賣，沽酒日西歸。借問家何處，穿雲入翠微。」

往來三十餘年，或施人危急，或救人疾苦。士人多訪之，不得見。但

圖六

見庵壁題詩曰：「隱居三十載，築室南山巔。靜夜翫明月，閑朝飲碧泉。樵人歌隴上，谷鳥戲巖前。樂矣不知老，都忘甲子年。」

天寶中，李白知宣平為仙，於是遊新安訪之，亦不得見。乃題詩於庵壁，曰：「我吟傳舍詩，來訪仙人居。煙嶺迷高跡，雲林隔太虛。窺庭但蕭索，倚杖空躊躇。應化遼天鶴，歸當千歲餘。」宣平歸見壁詩，乃自題曰：「一池荷葉衣無盡，兩畝黃精食有餘，又被人來尋討著，移庵不免更深居。」其庵輒為野火所燒，莫知

仙佛奇蹤　卷三

許宣平新安歙縣人唐睿宗景雲中隱於城陽山南塢結庵以居
不修服餌顏若四十許人時負薪賣於市擔上常掛一花瓢攜曲
竹杖每醉吟騰騰以歸吟曰負薪朝出賣沽酒日西歸借問家何
處穿雲入翠微往來三十餘年或施人危急或救人疾苦士人多
訪之不得見但見庵壁題詩曰隱居三十載築室南山巔靜夜翫
明月閑朝飲碧泉樵人歌隴上谷鳥戲巖前樂矣不知老都忘甲
子年天寶中李白知宣平為仙於是遊新安訪之亦不得見乃題
詩於庵壁曰我吟傳舍詩來訪仙人居烟嶺迷高迹雲林隔太虛
窺庭但蕭索倚杖空躊躇應化遼天鶴歸當千歲餘宣平歸見壁
詩乃自題曰一池荷葉衣無盡兩畝黃精食有餘又被人來尋討
着移庵不免更深居其庵輒為野火所燒莫知蹤跡後百餘歲至
懿宗咸通十二年許明恕婢入山採樵一日獨於南山中見一人
坐石上食桃問婢曰汝許明恕家婢耶婢曰是曰我即明恕之祖

圖七

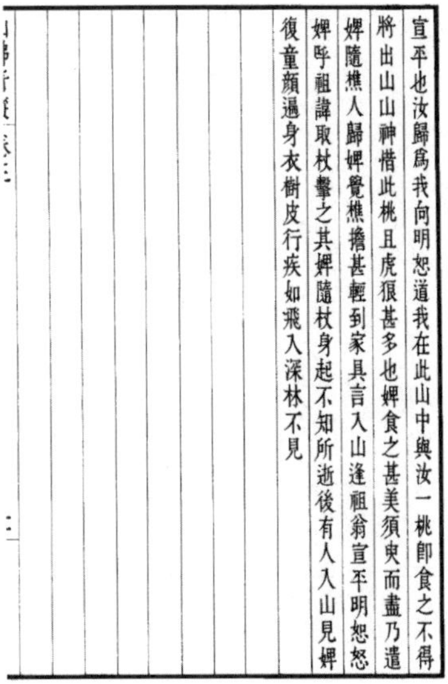
宣平也汝歸為我向明恕道我在此山中與汝一桃即食之不得
將出山山神惜此桃且虎狼甚多也婢食之甚美須臾而盡乃遣
婢隨樵人歸婢覺樵擔甚輕到家具言入山逢祖翁宣平明恕怒
婢呼祖諱取杖擊之其婢隨杖身起不知所逝後有人入山見婢
復童顏遍身衣樹皮行疾如飛入深林不見

圖八

蹤跡。

後百餘歲，至懿宗咸通十二年，許明恕婢入山採樵。一日，獨於南山中，見一人坐石上食桃。問婢曰：「汝許明恕家婢耶？」婢曰：「是。」曰：「我即明恕之祖宣平也。汝歸，為我向明恕道：『我在此山中。』與汝一桃，即食之，不得將出山，山神惜此桃，且虎狼甚多也。」婢食之甚美，須臾而盡。乃遣婢隨樵人歸。

婢覺樵擔甚輕，到家具言入山逢祖宣平。明恕怒婢呼祖諱，取杖擊之。其婢隨杖身起，不知所逝。後有人入山，見婢復童顏，遍身衣樹皮，行疾如飛，入深林不見。

《續文獻統考》之麩子李（圖九～圖十）

麩子李，正德間太和山得道者。以其辟穀，但噉麥麵故名。荊藩永定王慕之，遣十校移文恭藩董是山者。禮聘以至，寓蘄武當宮。衣衲破，不食。王屢迎入宮祈長生訣，皆不對，但雲儒者修身齊家此長生訣也。賜金帛甚厚，皆委棄不顧矣。辭歸，王乃遣十校送之，令索書報命。至漢口，臥舟中，忽不見。校奔至山，見李坐捨身巖險絕處，誦經。遙而泣拜，索書，又不見。後復遣校至山，則云，李屍解矣。校於歸途，又見李持缽，行如飛。亡何，王以干宗正條幾覆國，始悟李語非漫然也。
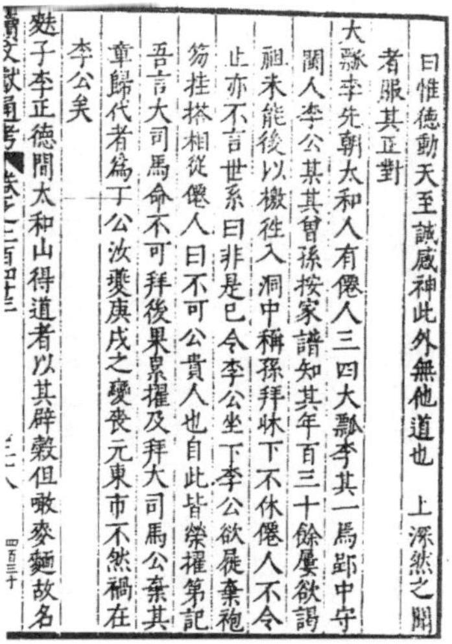

曰惟德動天至誠感神此外無他道也　上深然之賜
者服其正對
大滌李先朝太和人有僊人三四大瓢李其一焉邸中守
閽人李公某其曾孫按家譜知其年百三十餘屢欲謁
詗未能後以擻徙入洞中稱孫拜牀下不休僊人不令
止亦不言世系曰非是已令李公坐下李公欲屣棄袍
笏拄搭相從僊人曰不可公貴人也自此皆榮擢第記
吾言大司馬命不可拜後果累擢及拜大司馬公棄其
章歸代者為丁公汝夔庚戌之變喪元東市不然禍在
李公矣
魏子李正德間太和山得道者以其辟穀但噉麥麵故名

圖九

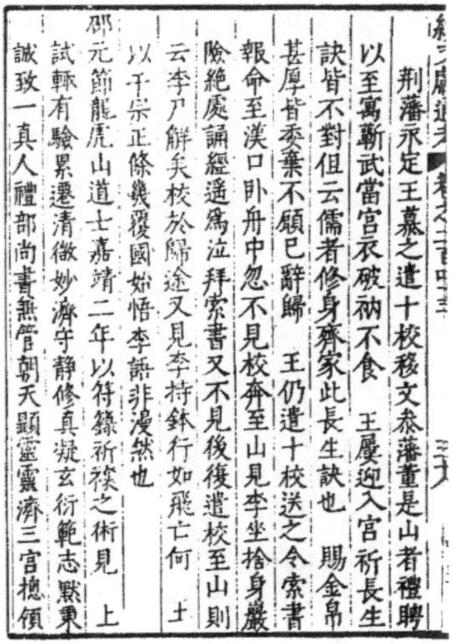

荊藩永定王慕之遣十校移文恭藩董是山者禮聘
以至寓蘄武當宮衣破衲不食　王屢迎入宮祈長生
訣皆不對但云儒者修身齊家此長生訣也　賜金帛
甚厚皆委棄不顧已辭歸　王仍遣十校送之令索書
報命至漢口卧舟中忽不見校奔至山見李坐捨身巖
險絕處誦經遙為泣拜索書又不見後復遣校至山則
云李尸解矣校於歸途又見李持鉢行如飛亡何　王
以干宗正條幾覆國始悟李語非漫然也
邵元節龍虎山道士嘉靖二年以符籙祈禳之術見　上
試輒有驗累遷清微妙濟守靜修真凝玄衍範志默秉
誠致一真人禮部尚書總管朝天顯靈靈濟三宮總領

圖十

《三豐全書》之夫子李（圖十一）

李夫子者，名性之，楚人也。正德間，入太和山，遇三豐先生，傳以丹法，遂得道。平時好端坐，澄靜齊莊，人號為李夫子。喜辟穀，日啜麥麵湯，人又號為麸子李。荊藩永定王聞而慕之，遣校禮聘以至，寓蘄武當宮。衣衲破，不食。王屢迎入宮祈長生訣，皆不對，但云儒者修身齊家即道訣也。賜金帛甚厚，皆不顧。已而辭歸，王乃遣校送之，令索書報命。至漢口舟中，忽不見。校速舟夫過江，至中流忽見李臥水

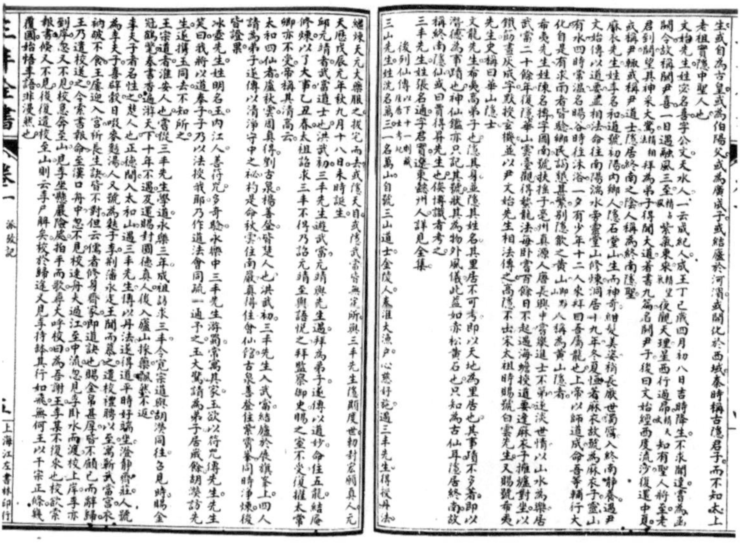
生或自為古皇或為伯陽父或為廣成子或結廬於河濱或關化於西域秦時稱古隱君子而不知太上
老祖實隱中聖人也
文始先生姓尹名喜字公文天水人一云成紀人成王丁巳歲四月初八日吉時降生不求聞達書為函
關令故稱關尹喜一日遇融風三至[精占]紫氣東來[精望]夜觀天理星西行過昴[精太]知有聖人將至老
君到關望其神采大驚[精相]拜為弟子得聞大道著書九篇名關尹子後曰文始經西度流沙復還中夏
或稱尹轍或稱尹道士隱居終南之陰人稱為終南隱聖
麻衣先生姓李名和道號初陽內鄉人隱石堂山生而神奇紺髮美姿稍長厭世濁入終南靜養遇尹
文始傳以道要並相法命往南陽滴水岩靈堂山修煉洞居十九年冬夏恆著麻衣故號為麻衣子靈山
有水四時常溫名暘谷時往沐浴一夕有少年十二人來拜曰吾屬龍也上帝以師道成命吾等輔行大
化自是有求而者皆驗鄉民謡想甚繁別隱歙之黃山[即黟山]人稱為黃山隱者
希夷先生姓陳名搏字圖南號扶搖子亳州真源人唐長興中舉進士不第遂淡世情以山水為樂居
武當二十餘年復隱華山雲臺觀得蟄龍法每卧書百餘日不起遇海蟾授道要遇麻衣子擁爐對坐以
鐵筯畫灰成字默授玄機並以尹文始先生相法傳之高隱不出宋太祖時賜號白雲先生又賜號希夷
先生史稱曰華山隱士
文龍先生希夷高弟子也隱其身並隱其姓名其里居不可考即以天地為里居也其事蹟不多著即以
潛德為事蹟也神仙鑑亦只記其號狀其為物外風儀此蓋如赤松黃石也只知為古仙耳隱居終南故
稱終南隱仙或曰貫得昇先生也俟博識者考之
三丰先生姓張名通字君實遼東懿州人詳見全集
後列仙傳以下十一則 [illegible]
三山先生姓沈名萬三一名萬山自號三山道士金陵人秦淮大漁户心慈好施遇三丰先生得授丹法
繼煉天元大藥服之拔宅而去或隱天目或隱武當皆無定所與三丰先生隱顯度世勅封宏願真人元
天歷戊辰元年秋九月十八日未時誕生
邱元靖者武當道士也洪武初三丰先生遊武當元靖與先生遇拜為弟子遂傳以道妙命住五龍結庵
修煉以了大事乙丑春太祖詔求三丰不得乃詔元靖至與語悅之拜監察御史賜之室不受復擢太常
卿亦不受帝稱其清高云
太和四仙者盧秋雲周真得劉古泉楊善登皆楚人也洪武初三丰先生入武當結廬於展旗峯上四人
請為弟子遂傳以清淨守中之祕約是命秋雲住南巖真得住會仙館古泉善登住紫霄峯同時淨煉後
皆證果
冰壺先生姓明名玉內江人善符咒多奇驗永樂中三丰先生遊蜀常寓其家玉欲以符咒傳先生先生
笑曰我術以道奉予子乃以法授我耶乃作道法會同疏一通予之玉大驚請為弟子居歲餘胡濙訪先
生遂攜玉同去不知所之
王宗道者淮安人也嘗從三丰先生學道永樂三年成祖詔求三丰令宗道與胡濙同往各見時賜金
冠鶴氅春書香遍游天下十年不遇及還賜封圓德真人後入廬山採藥飄然不返
李夫子者名性之楚人也正德間入太和山遇三丰先生傳以丹法遂得道平時好端坐澄靜齊莊人號
為李夫子喜辟穀日啜麥麵湯人又號為麸子李荊藩永定王聞而慕之遣校禮聘以至寓蘄武當宮衣
衲破不食王屢迎入宮祈長生訣皆不對但云儒者修身齊家即道訣也賜金帛甚厚皆不顧已而辭歸
王乃遣校送之令索書報命至漢口舟中忽不見校速舟夫過江至中流忽見李卧水而渡校上岸李亦
到岸忽又不見校急奔至山見李坐懸巖險處拍手而歌舟夫呼校曰為吾謝王李某不復來也校欲索
報書倏又不見復遣校至山則云李尸解矣校於歸途又見李持鉢其行如飛無何王以千宗正條戟
覆國始悟李語非漫然也
三丰全書 卷一 派效記
上海江左書林印行

圖十一

而渡，校上岸，李亦到岸，忽又不見，校急奔至山，見李坐懸岩險處，拍手而歌，尋大呼校曰：「為吾謝王，李某不復來也。」校欲索報書，倏又不見。後復遣校至山，則云李屍解矣。校於歸途又見李持缽，其行如飛。無何，王以干宗正條幾覆國，始悟李語非漫然也。

范欽《天一閣集》（明萬曆刻本）卷九（圖十二～圖十三）

竹墟挽詞八首

里門分手地　驅馬各東西
天地不相待　煙霞莽自迷
春深花嬾發　月落鳥空啼
神爽依然在　中宵一下乩
治行高諸國　威名讋百蠻
偶因忤上宰　翻遣偃東山

世態浮雲里　年華逝水間
獨餘星宿氣　炯炯照人寰
白首捐親舊　泉台不復晨
乾坤餘意氣　龍馬失精神
塵海年年變　交遊日日新
可憐山水調　寂寞為誰陳
鶴馭嗟何適　冥冥不可求
古今俱逆旅　天地一虛舟
不作仙姑客　還從麩子遊
公嘗稱會仙姑於澧州，麩子李於太和山。

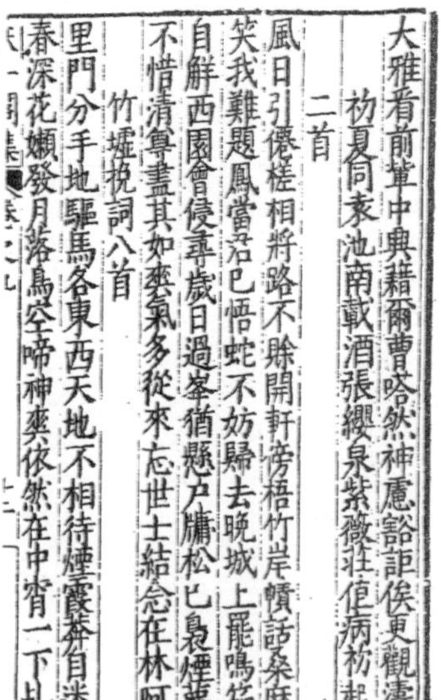
大雅看前輩中興藉爾曹嗒然神應谿詎俟更觀濤
初夏同袁池南載酒張纓泉紫薇莊值病初起
二首
風日引儻榿相將路不賒開軒傍梧竹岸幘話桑麻
笑我難題鳳當君已悟蛇不妨歸去晚城上罷鳴笳
自鮮西園會侵尋歲日過峯猶懸户牖松已臬煙蘿
不惜清尊盡其如爽氣多從來忘世士結念在林阿
竹墟挽詞八首
里門分手地驅馬各東西天地不相待煙霞莽自迷
春深花嬾發月落鳥空啼神爽依然在中宵一下乩

圖十二

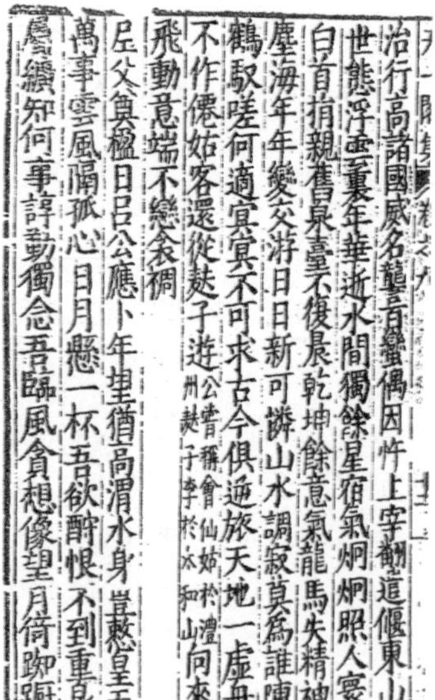
治行高諸國威名聾首螢偶因忤上宰鄰道偃東山
世態浮雲裏年華逝水間獨餘星宿氣炯炯照人寰
白首捐親舊泉臺不復晨乾坤餘意氣龍馬失精神
塵海年年變交游日日新可憐山水調寂莫爲誰陳
鶴馭嗟何適冥冥不可求古今俱逆旅天地一虛舟
不作僊姑客還從麸子遊公嘗稱會仙姑於澧州麸子李於太和山向來
飛動意端不戀衾裯
臣父奠楹日呂公應卜年埋猶高渭水身豈愁皇天
萬事雲風隔孤心日月懸一杯吾欲酹恨不到重泉
履纜知何事諄勤獨念吾臨風貪想像望月倚踟躕

圖十三

沈一貫《喙鳴文集》搏者張松溪傳（圖十四～圖十六）

我鄉弘正時，有邊誠，以善搏聞。嘉靖末，又有張松溪，名出邊上。張衣工也。其師曰孫十三老，大梁街人，性麤戇。張則沈毅寡言，恂恂如儒者。

張大司馬罷而家居，引體抗然，坐之上座，云：「邊師之徒，祖裼扼捥，嗔目語難。張乃攝衣冠，不露肘。邊師喜授受，顯名當世。而張常自匿人，求見輒謝去。邊師之弄技，進退開闔，有緒如織。而張法直截。嘗曰：『一捧一痕，吾猶輕之，胡暇作此㒷㒷閒事。』」邊嘗北遊，值六馬駕，負其力，肩之不勝，出於輪而病傴。有少林僧數十輩尋邊，邊遷延之，至日晡與鬥。燭入滅燭，而躍坐梁上，觀諸僧自相擊，於暗中而乘其斃，大抵間用術。」

倭亂時，少林僧七十輩，至海上求張，張匿不見。好事少年慫恿之，僧寓迎鳳橋酒樓。張與少年窺其搏，失哂，僧覺遮之。張曰：「必欲一試者，須呼里魁合，要死無所問。」張故孱然中人耳，僧皆魁梧健力，易之，諾為要。張

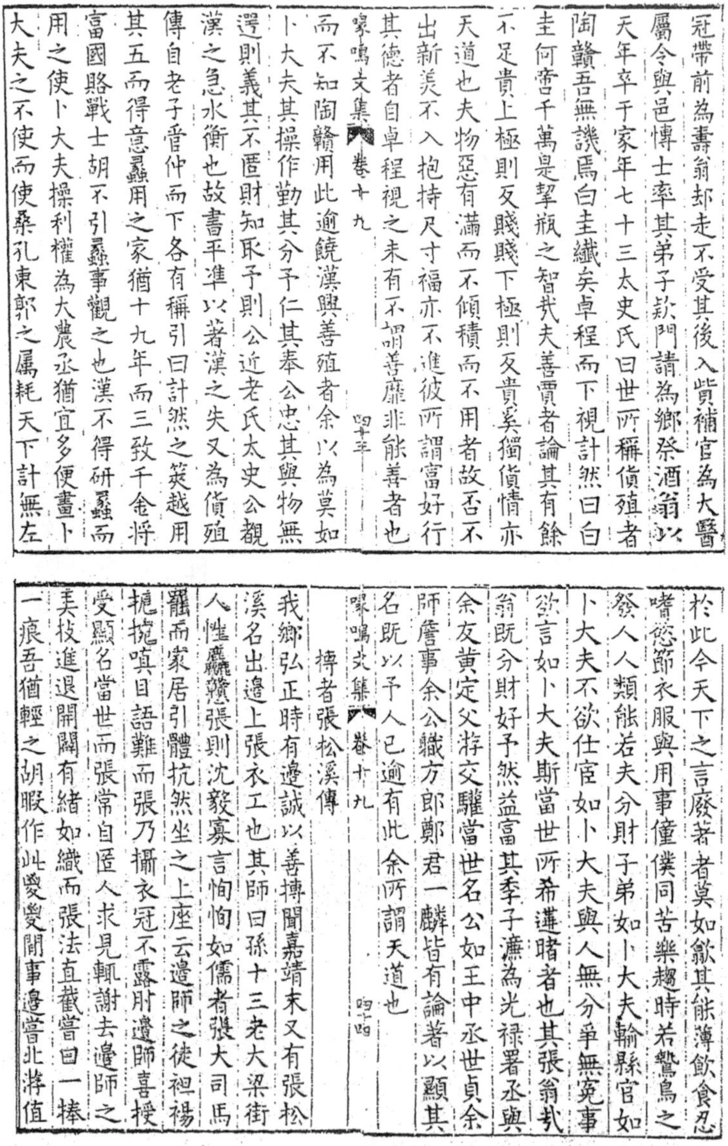

冠帶前為壽翁却走不受其後入貲補官為大醫
屬令與邑博士率其弟子款門請為鄉祭酒翁以
天年卒于家年七十三太史氏曰世所稱貨殖者
陶贑吾無譏焉白圭纖矣卓程而下視計然白
圭何啻千萬是挈瓶之智哉夫善賈者論其有餘
不足貴上極則反賤賤下極則反貴矣獨貨情亦
天道也夫物惡有滿而不傾積而不用者故否不
出新美不入抱持尺寸福亦不進彼所謂富好行
其德者自卓程視之未有不謂善靡非能善者也
喙鳴文集 卷十九 四十三
而不知陶贑用此逾饒漢興善殖者余以為莫如
卜大夫其操作勤其分予仁其奉公忠其與物無
逕則義其不匿財知取予則公近老氏太史公覩
漢之急水衡也故書平準以著漢之失又為貨殖
傳自老子晉仲而下各有稱引曰計然之策越用
其五而得意蠡用之家猶十九年而三致千金將
富國賂戰士胡不引蠡事觀之也漢不得研蠡而
用之使卜大夫操利權為大農丞猶宜多便畫卜
大夫之不使而使桑孔東郭之屬耗天下計無左

於此令天下之言廢著者莫如歙其能薄飲食忍
嗜慾節衣服與用事僮僕同苦樂趨時若鷙鳥之
發人人類能若夫分財子弟如卜大夫輸縣官如
卜大夫不欲仕宦如卜大夫與人無分爭無冤事
欲言如卜大夫斯當世所希覯睹者也其張翁哉
翁既分財好予然益富其季子濂為光祿署丞與
余友黃定父游交驩當世名公如王中丞世貞余
師詹事余公職方郎鄭君一麟皆有論著以顯其
名既以予人已逾有此余所謂天道也
喙鳴文集 卷十九 四十四
摶者張松溪傳
我鄉弘正時有邊誠以善摶聞嘉靖末又有張松
溪名出邊上張衣工也其師曰孫十三老大梁街
人性麤獷張則沈毅寡言恂恂如儒者張大司馬
罷而家居引體抗然坐之上座云邊師之徒袒裼
攎捥嗔目語難而張乃攝衣冠不露肘邊師喜授
受顯名當世而張常自匿人求見輒謝去邊師之
美技進退開闔有緒如織而張法直截嘗曰一棒
一痕吾猶輕之胡暇作此嫈嫈鬧事邊嘗北游值

圖十四

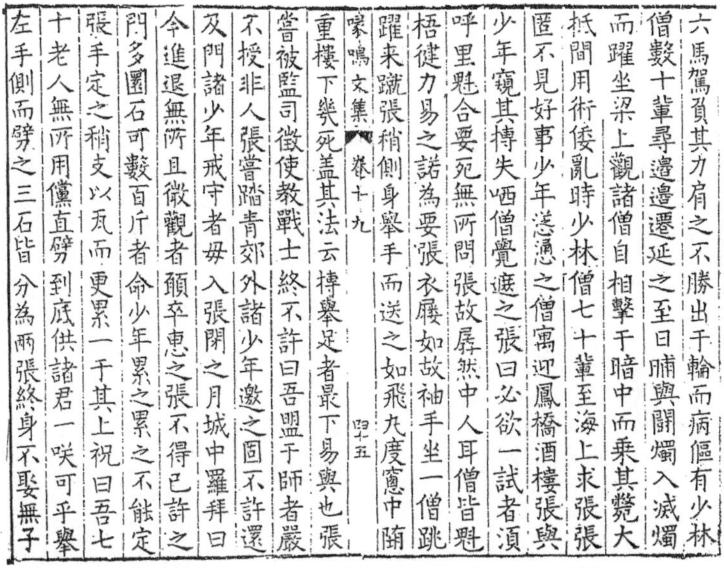
六馬駕負其力肩之不勝出于輪而病傴有少林
僧數十輩尋邊邊遷延之至日晡與闘燭入滅燭
而躍坐梁上觀諸僧自相擊于暗中而乘其斃大
抵閒用術倭亂時少林僧七十輩至海上求張張
匿不見好事少年慫恿之僧寓迎鳳橋酒樓張與
少年窺其搏失哂僧覺遮之張曰必欲一試者須
呼里魁合要死無所問張故孱然中人耳僧皆魁
梧健力易之諾為要張衣屐如故袖手坐一僧跳
躍來蹴張稍側身舉手而送之如飛丸度窗中隨
喙鳴文集 卷十九 四十五
重樓下幾死蓋其法云搏舉足者最下易與也張
嘗被監司徵使教戰士終不許曰吾盟于師者嚴
不授非人張嘗踏青郊外諸少年邀之固不許還
及門諸少年戒守者毋入張閉之月城中羅拜曰
今進退無所且徼觀者願卒惠之張不得已許之
門多圜石可數百斤者命少年累之累之不能定
張手定之稍支以瓦而更累一于其上祝曰吾七
十老人無所用儻直劈到底供諸君一哂可乎舉
左手側而劈之三石皆分為兩張終身不娶無子

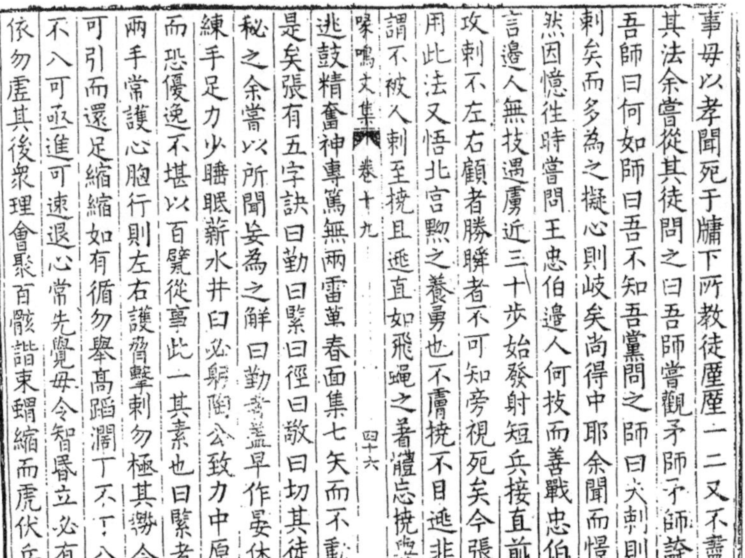
事毋以孝聞死于牖下所教徒歷歷一二又不盡
其法余嘗從其徒問之曰吾師嘗觀矛師矛師評
吾師曰何如師曰吾不知吾黨問之師曰犬刺則
刺矣而多為之擬心則歧矣尚得中耶余聞而憬
然因憶往時嘗問王忠伯邊人何技而善戰忠伯
言邊人無技遇虜近三十步始發射短兵接直前
攻刺不左右顧者勝瞬者不可知旁視死矣今張
用此法又悟北宮黝之養勇也不膚撓不目逃非
謂不被人刺至撓且逃直如飛蠅之著體忘撓與
喙鳴文集 卷十九 四十六
逃鼓精奮神專篤無兩雷菫春面集七矢而不動
是矣張有五字訣曰勤曰緊曰徑曰敬曰切其徒
秘之余嘗以所聞妄為之解曰勤者蓋早作晏休
練手足力少睡眠薪水井臼必躬陶公致力中原
而恐優逸不堪以百甓從事此一其素也曰緊者
兩手常護心胸行則左右護脅擊刺勿極其勢令
可引而還足縮縮如有循勿舉高蹈濶丁不丁八
不入可亟進可速退心常先覺毋令智昏立必有
依勿虛其後衆理會聚百骸諧束蝟縮而虎伏兵

圖十五

法所謂始如處女敵人開户者蓋近之曰徑則所
謂後如脫兎超不及距者無再計無返顧勿失事
機必中肯綮既志其處則盡身中一毛孔穴感嚮
赴之無絲差若猫捕鼠然此二字則擊刺之術盡
矣曰歛者儆戒自將勿露其長好勝者必遇其敵
其防其防温良倫讓不忮不求何用不臧曰切者
千忍萬忍搯指齘齒勿為禍先勿為福始勿以身
輕許人利害切身不得已而後起一試之後可救
即救不可復試雖終身不見其形不成其名而亡
喙鳴文集 卷十九 四十七
所悔蓋結冤業者永無釋日犯王法者終無貰斯
得無慎諸聞張之受于孫惟前三字後二字張所
增也其戒心又如此君子曰儒者以忠信為甲胄
禮義為干櫓豈不備哉使人畏而備之孰與夫使
人無畏而無備之為周夫學技以備患而慮患乃
滋甚則焉用技恃技而不慮患患又及之技雖言
矣故君子去彼處此

喙鳴文集卷二十目録

祭文

圖十六

衣履如故，袖手坐。一僧跳躍來蹴，張稍側身，舉手而送之，如飛丸度窗中，墮重樓下，幾死。蓋其法云搏，舉足者最下，易與也。

張嘗被監司徵，使教戰士，終不許。曰：「吾盟於師者，嚴不授非人。」張嘗踏青郊外，諸少年邀之，固不許。還及門，諸少年戒守者，毋入張。閉之月城中，羅拜曰：「今進退無所，且微觀者，願卒惠之。」張不得已，許之。門多圜石，可數百斤者，命少年累之。累之不能定，張手定之，稍支以瓦，而更累一於其上，祝曰：「吾七十老人，無所用。儻直劈到底，供諸君一咲可乎？」舉左手，側而劈之，三石皆分為兩。

張終身不娶，無子，事母以孝，聞死於牖下。所教徒，僅僅一二，又不盡其法。

余嘗從其徒問之，曰：「吾師嘗觀矛師，矛師誇吾師，曰：『何如？』。師曰：『吾不知。』吾黨問之，師曰：『夫刺則刺矣，而多為之擬，心則歧矣。尚得中耶？』」余聞而憬然，因憶往時，嘗問王忠伯：「邊人何技而善戰？」

忠伯言：「邊人無技，遇虜近三十步，始發射。短兵接，直前攻刺，不左右顧者勝，瞬者不可知，旁視死矣！」今張用此法，又悟北宮黝之養勇也，不膚撓，不目逃，非謂不被人刺至撓且逃，直如飛蠅之著體，忘撓與逃，鼓精奮神，專篤無兩，雷萬春面集七矢而不動是矣！

張有五字訣，曰勤，曰緊，曰徑，曰敬，曰切，其徒秘之。余嘗以所聞妄為之解。曰勤者，蓋早作晏休，練手足力。少睡眠，薪水井臼必躬。陶公致力中原，而恐優逸不堪。以百甓從事，此一其素也。

曰緊者，兩手常護心胸，行則左右護脅。擊刺勿極其勢，令可引而還。足縮縮如有循，勿舉高蹈闊，丁不丁，八不八，可亟進，可速退。心常先覺，毋令智昏。立必有依，勿虛其後。眾理會聚，百骸諧束，蝟縮而虎伏。兵法所謂始如處女。

敵人開戶者，蓋近之，曰徑，則所謂後如脫兔。超不及距者，無再計，無返顧，勿失事機，必中肯綮。既志其處，則盡身中一毛孔力，咸向赴之，無參差，若貓捕鼠。然此二字，則擊刺之術盡矣。

曰敬者，儆戒自將，勿露其長。好勝者，必遇其敵。其防其防，溫良儉讓。不忮不求，何用不臧。

曰切者，千忍萬忍。掐指咬齒。勿為禍先，勿為福始，勿以身輕許人。利害切身，不得已而後起，一試之後，可收即收，不可復試。雖終身不見其形，不成其名，而亡所悔。蓋結冤業者，永無釋日，犯王法者，終無貰期，得無慎諸。

聞張之受於孫惟前三字，後二字張所增也，其戒心又如此。君子曰：「儒者以忠信為甲冑，禮義為干櫓，豈不備哉！使人畏而備之，孰與夫使人無畏而無備之為周？夫學技以備患，而慮患乃滋甚，則焉用技？恃技而不慮患，患又及之，技難言矣！故君子去彼處此。

黃宗羲《南雷文定集》之王征南墓誌銘（圖十七～圖二十）

少林以拳勇名天下，然主於搏人，人亦得以乘之。有所謂內家者，以靜制動，犯者應手即仆，故別少林為外家。蓋起於宋之張三峰。三峰為武當丹士，徽宗召之，道梗不得進，夜夢玄帝授之拳法，厥明，以單丁殺賊百餘。

三峰之術，百年以後，流傳於陝西，而王宗為最著。溫州陳州同從王宗受之，以此教其鄉人，由是流傳於溫州。嘉靖間，張松溪為最著。松溪之徒三四人，而四明葉繼美近泉為之魁，由是流傳於四明。四明得近泉之傳者，為吳昆岳。天目傳余波仲、吳七郎、陳茂弘。雲泉傳盧紹岐。貞石傳董扶輿、夏枝溪。繼槎傳柴玄明、姚石門、僧耳、僧尾。而思南之傳，則為王征南。

思南從征關白，歸老於家，以其術教授。然精微所在，則亦深自秘惜，掩關而理，學子皆不得見。征南從樓上穴板窺之，得梗概。思南子不肖，思南自傷身後莫之經紀。征南聞之，以銀卮數器，奉為美櫝之資。思南感其意，始盡

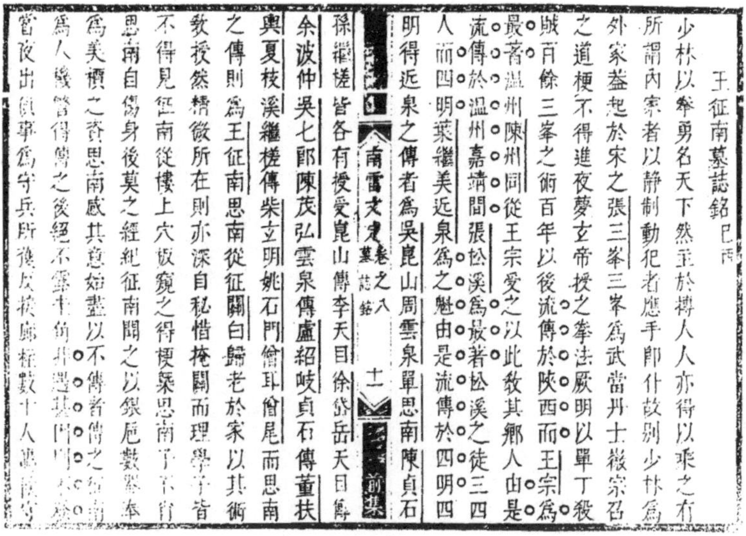

王征南墓誌銘 己丙
少林以拳勇名天下然主於搏人人亦得以乘之有
所謂內家者以靜制動犯者應手即仆故別少林爲
外家蓋起於宋之張三峯三峯爲武當丹士徽宗召
之道梗不得進夜夢玄帝授之拳法厥明以單丁殺
賊百餘三峯之術百年以後流傳於陝西而王宗爲
最著溫州陳州同從王宗受之以此教其鄉人由是
流傳於溫州嘉靖間張松溪爲最著松溪之徒三四
人而四明葉繼美近泉爲之魁由是流傳於四明四
明得近泉之傳者爲吳崑山周雲泉單思南陳貞石
南雷文定 卷之八 墓誌銘 十一 前集
孫繼槎皆各有授受崑山傳李天目徐岱岳天目傳
余波仲吳七郎陳茂弘雲泉傳盧紹岐貞石傳董扶
輿夏枝溪繼槎傳柴玄明姚石門僧耳僧尾而思南
之傳則爲王征南思南從征關白歸老於家以其術
教授然精微所在則亦深自秘惜掩關而理學子皆
不得見征南從樓上穴板窺之得梗概思南子不肖
思南自傷身後莫之經紀征南聞之以銀卮數器奉
爲美檟之資思南感其意始盡以不傳者傳之征南
爲人機警得傳之後絕不露圭角非遇甚困則不發
嘗夜出偵事爲守兵所獲反接廊柱數十人轟飲守

圖十七

之征南拾碎磁偷割其縛探懷中銀望空而擲數十
人方爭攫征南遂逸出數十人追之皆蹶地匍匐不
能起行數里迷道田間守望者又以爲賊也聚衆圍
之征南所向衆無不受傷者歲暮獨行遇營兵七八
人挽之負重征南苦辭求免不聽征南至橋上棄其
負營兵拔刀擬之征南手格而營兵自擲仆地鏗然
刀墮如是者數人最後取其刀投之井中營兵索綆
出刀而征南之去遠矣凡搏人皆以其穴死穴暈穴
啞穴一切如銅人圖法有惡少侮之者爲征南所擊
其人數日不溺踵門謝過始得如故牧童竊學其法
南雷文定 卷之八 墓誌銘 十二 前集
以擊伴侶立死征南視之曰此暈穴也不久當甦已
而果然征南任俠嘗爲人報讎然激於不平而後爲
之有與征南久故者致金以讎其弟征南毅然絕之
曰此以禽獸待我也征南名來咸姓王氏征南其字
也自奉化來鄞祖宗周父宰元母陳氏世居城東之
車橋至征南而徙同嶴少時隸盧海道若騰海道較
藝給糧征南嘗兼數人直指行部征南七矢破的補
臨山把總錢忠介公建　以中軍統營事屢立戰功
授都督僉事副總兵官事敗猶與華兵部勾致島人
藥書往復兵部受禍讎首未懸征南終身菜食以明

圖十八

此志識者哀之征南罷事家居慕其才藝者以爲貧必易致營將皆通慇懃而征南漠然不顧鋤地擔糞若不知已之所長有易於求食者在也一日過其故人故人與營將同居方延松江教師講習武藝教師倨坐彈三絃視征南麻巾縕袍若無有故人爲言征南善拳法教師斜睨之曰若亦能此乎征南謝不敏教師軒衣張脣曰亦可小試之乎征南固謝不敏教師以其畏己也強之愈力征南不得已而應教師被跌請復之再跌而流血破面教師乃下拜贄以二縑征南未嘗讀書然與士大夫談論則蘊藉可喜了不

南雷文定 卷之八 墓誌銘 十三 前集

見其爲麁人也予嘗與之入天童僧山焱有膂力四五人不能掣其手稍近征南則蹶然負痛征南曰今人以內家無可眩曜於是以外家攙入之此學行當衰矣因許叙其源流忽忽九載征南以哭子死高辰四狀其行求予誌之生於某年丁巳三月五日卒於某年己酉二月九日年五十三娶孫氏子二人夢得前一月殤次祖德以某月某日葬於同輿之陽銘曰有技如斯而不一施終不鬻技其志可悲水淺山老孤墳孰保視此銘章庶幾有考

圖十九

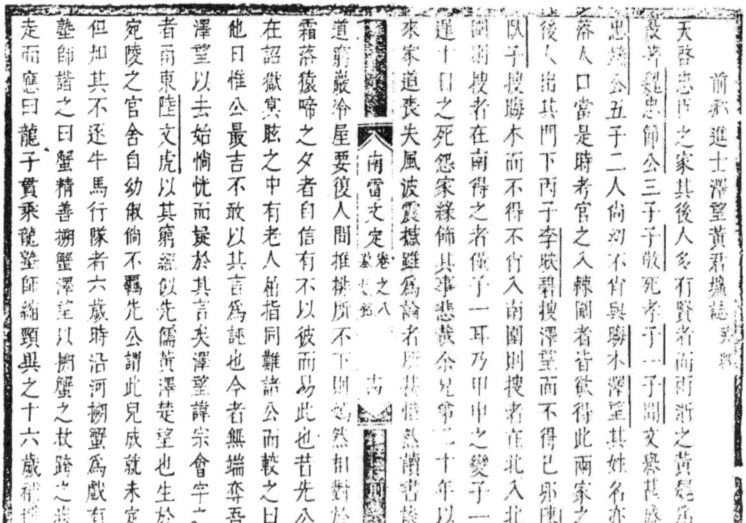

前秋進士澤望黃君壙誌 丙辰

天啓忠臣之家其後人多有賢者而兩浙之黃魏爲最著魏忠節公三子子敬死孝子一子聞文學其聲忠端公五子二人尚幼不肯與聯木澤望其姓名亦落人口當是時考官之入棘闈者皆欲得此兩家之後人出其門下丙子李欽翔搜澤望而不得已卯陳臥子搜聯木而不得不肯入南闈則搜者在北入北闈則搜者在南得之者僅子一耳乃甲申之變子一進十日之死怨家緣飾其事悲哉余兄弟二十年以來家道喪失風波震撼雖爲詩者所推惜然讀書談

南雷文定 卷之八 墓誌銘 十四

道窮巖冷屋要復人間推挫所不下則怒然相對於霜落猿啼之夕者自信有不以彼而易此也昔先公在詔獄冥眩之中有老人爲指同難諸公而較之曰他日惟公最吉不敢以其言爲誣也今者無端奪吾澤望以去始惝恍而疑於其言矣澤望諱宗會字之者雨東陸文虎以其窮經似先儒黃澤楚望也生於宛陵之官舍自幼傲倘不羈先公謂此兒成就未定但知其不逐牛馬行隊者六歲時沿河撈蟹爲戲有塾師諧之曰蟹精善撈蟹澤望以撈蟹之故踏之歌走而應曰龍子貫乘龍塾師縮頸與之十六歲補博

圖二十

以不傳者傳之。

征南機警，得傳之後，絕不露圭角，非遇甚困則不發。嘗夜出偵事，為守兵所獲，反接廊柱，數十人轟飲守之。征南拾碎磁，偷割其縛，探懷中銀，望空而擲。數十人方爭攫，征南遂逸出。數十人追之，皆踣地，匍匐不能起。行數里，迷道田間，守望者又以賊也，聚眾圍之。征南所向，眾無不受傷者。歲暮獨行，遇營兵七八人，挽之負重，征南苦辭求免，不聽。征南至橋上，棄其負。營兵拔刀擬之，征南手格，而營兵自擲仆地，鏗然刀墮，如是者數人。最後取其刀投之井中，營兵索綆出刀，而征南之去遠矣。

凡搏人者，皆以其穴。死穴，暈穴，啞穴，一切如銅人圖法。有惡少侮之者，為征南所擊。其人數日不溺，踵門謝過，始得如故。牧童竊學其法，以擊伴侶，立死。征南視之，曰：此暈穴也，不久當蘇，已而果然。征南任俠，嘗為人報讎，然激於不平而後為之。有與征南久故者，致金以讎其弟。征南毅然絕之曰：此以禽獸待我也。

征南名來咸，王氏，征南其字也。自奉化來鄞。祖宗周，父宰元，母陳氏。世居城東之車橋，至征南而徙同嶴。少時，隸盧海道若騰。海道較藝給糧，征南嘗兼數人，直指行部。征南七矢破的，補臨山把總。錢忠介公建，以中軍統營事，屢立戰功，授都督僉事副總兵官。事敗，猶與華兵部勾致島人，藥書往復。兵部受禍，讎首未懸，征南終身菜食以明此志，識者哀之。

征南罷事家居，慕其才藝者，以為貧必易致，營將皆通殷勤，而征南漠然不顧，鋤地擔糞，若不知己之所長，有易於求食者在也。一日，過其故人，故人與營將同居，方延松江教師，講習武藝。教師倨坐彈三弦，視征南麻巾縕袍若無有。故人為言征南善拳法，教師斜盻之曰：若亦能此乎？征南謝不敏。教師軒衣張眉曰：亦可小試之乎？征南固謝不敏。教師以其畏己也，強之愈力。征南不得已而應。教師被跌，請復之，再跌，而流血被面，教師乃下席，贄以二縑。

征南未嘗讀書，然與士大夫談論，則蘊藉可喜，了不見其為麁人也。余嘗與之入天童，僧山焰有膂力，四五人不能掣其手，稍近征南，則蹶然負痛。

征南曰：今人以內家無可炫耀，於是以外家攙入之，此學行當衰矣！因許敘其源流。

忽忽九載。征南以哭子死，高辰四狀其行，求予志之。生於年某年丁巳三月五日，卒於某年己酉年二月九日，年五十三。娶孫氏，子二人。夢得前一月殤；次祖德。以某月某日葬於同嶴之陽。銘曰：有技如斯，而不一施，終不鬻技，其志可悲。水淺山老，孤墳孰保？視此銘章，庶幾有考。

《聊齋志異》武技附王阮亭注（圖二一～圖二四）

王阮亭先生云：「此尼亦殊蹤跡詭異不可測。」又云：「掌勇之技，少林為外家，武當張三峰為內家。三峰之後，有關中人王宗。宗傳溫州陳州同。州同，明嘉靖間人。故今兩家之傳，盛於浙東，順治中，王來咸，字征南，其最著者，鄞人也。雨窗無事，讀李超事始末，因識於後。阮亭書。征南之徒，又有僧耳、僧尼者，皆僧也。」

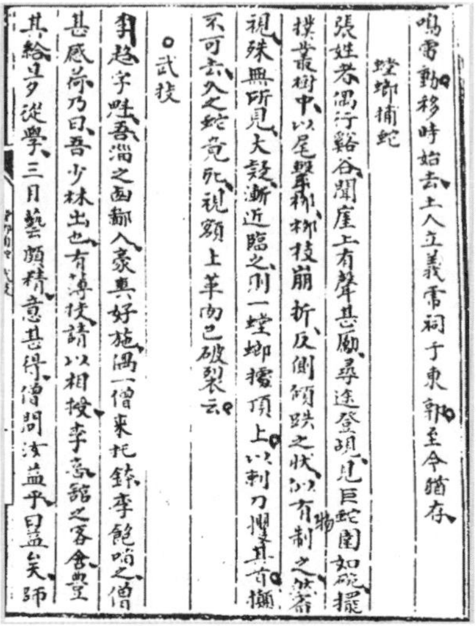
鳴雷動移時始去土人立義雷祠于東郭至今猶存
螳螂捕蛇
張姓者偶行谿谷聞崖上有聲甚厲尋途登覘見巨蛇圍如碗擺
撲叢樹中以尾擊柳柳枝崩折反側傾跌之狀似有物制之然審
視殊無所見大疑漸近臨之則一螳螂據頂上以刺刀攫其首攧
不可去久之蛇竟死視額上革肉已破裂云
武技
李超字魁吾淄之西鄙人豪爽好施偶一僧來托鉢李飽啗之僧
甚感荷乃曰吾少林出也有薄技請以相授李喜館之客舍豐
其給旦夕從學三月藝頗精意甚得僧問汝益乎曰益矣師

圖二一

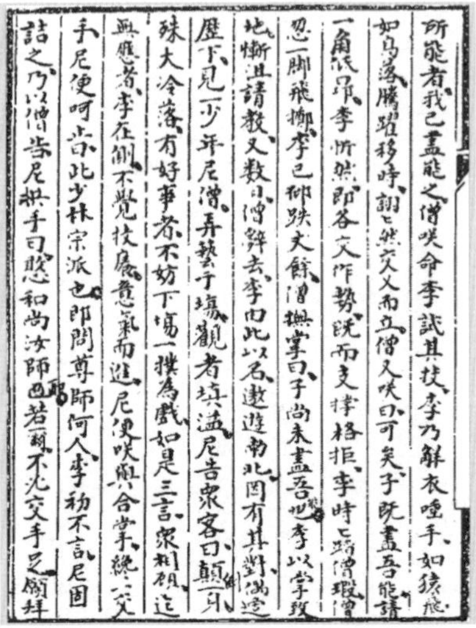
所能者我已盡能之僧笑命李試其技李乃解衣唾手如猿飛
如鳥落騰躍移時詡詡然交叉而立僧又笑曰可矣子既盡吾能請
一角低昂李忻然即各交作勢既而支撑格拒李時時蹈僧瑕僧
忽一腳飛擲李已仰跌丈餘僧撫掌曰子尚未盡吾能也李以掌致
地慚沮請教又數日僧辭去李由此以名邀遊南北罔有其對偶適
歷下見一少年尼僧弄藝于場觀者填溢尼告衆客曰顛倒一身
殊大冷落有好事者不妨下場一撲為戲如是三言衆相顧迄
無應者李在側不覺技癢意氣而進尼便笑與合掌纔一交
手尼便呵曰此少林宗派也即問尊師何人李初不言尼固
詰之乃以僧告尼拱手曰憨和尚汝師耶若爾不必交手足願拜

圖二二

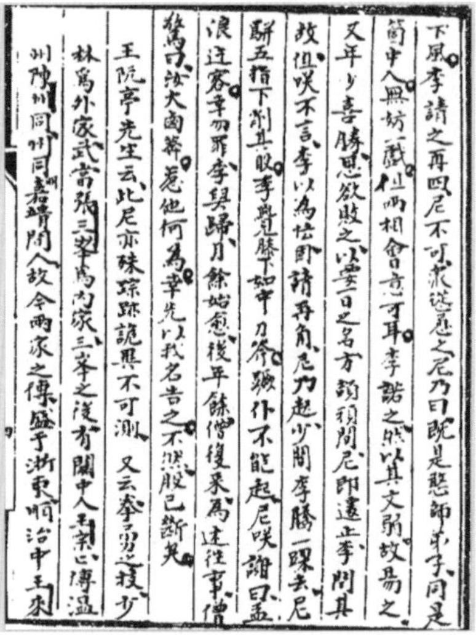
下風李請之再四尼不可衆慫恿之尼乃曰既是憨師弟子同是
箇中人無妨一戲但兩相會意可耳李諾之然以其文弱故易之
又年少喜勝思欲敗之以要一日之名方頡頏間尼即遽止李問其
故但笑不言李以為怯也請再角尼乃起少間李騰一踝去尼
駢五指下削其股李覺膝下如中刀斧蹶仆不能起尼笑謝曰孟
浪迕客幸勿罪李舁歸月餘始愈後年餘僧復來為述往事僧
驚曰汝大鹵莽惹他何為幸先以我名告之不然股已斷矣
王阮亭先生云此尼亦殊蹤跡詭異不可測　又云拳勇之技少
林為外家武當張三峯為內家三峯之後有關中人王宗宗傳溫
州陳州同州同嘉靖間人故今兩家之傳盛于浙東順治中王來

圖二三

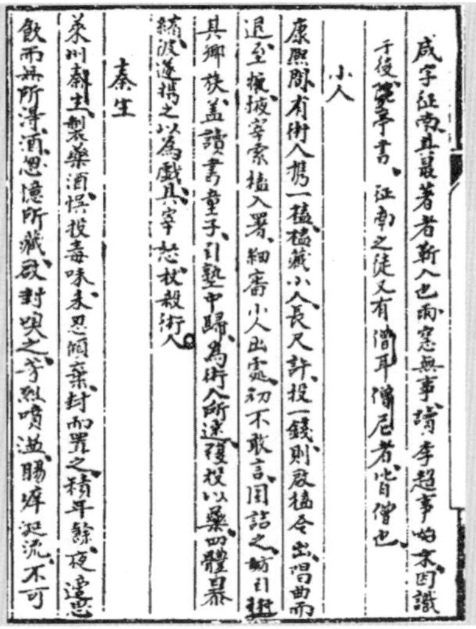
咸字征南其最著者鄞人也雨窗無事讀李超事始末因識
于後[illegible]亭書　征南之徒又有僧耳僧尼者皆僧也
小人
康熙間有術人攜一榼榼藏小人長尺許投一錢則啟榼令出唱曲而
退至掖掖宰索榼入署細審小人出處初不敢言固詰之始自述
其鄉族蓋讀書童子自塾中歸為術人所迷復投以藥四體暴
縮彼遂攜之以為戲具宰怒杖殺術人
秦生
萊州秦生製藥酒誤投毒味未忍傾棄封而置之積年餘夜適思
飲而無所得酒忽憶所藏啟封嗅之芳烈噴溢腸癢涎流不可

圖二四

《三豐全書》拳技派（圖二五）

王漁洋先生云，拳勇之技，少林為外家，武當張三豐為內家。三豐之後，有關中人王宗，宗傳溫州陳州同。州同明嘉靖間人。故今兩家之傳，盛於浙東。順治中，王來咸字征南，其最著者，靳人也。雨窗無事，讀《聊齋》李超始末，因識於後。又云，征南之徒，又有僧耳，僧尾者，皆僧也。

《三豐全書》正訛（圖二五）

三峯採戰之說，多為丹經歷鄙，然

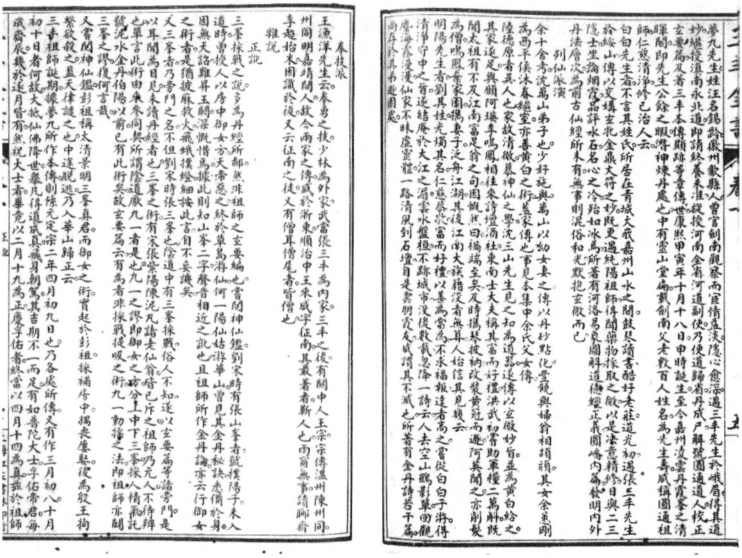

夢九先生姓汪名錫齡徽州歙縣人曾官劍南觀察而宦情益淡隱心愈深遇三丰先生於峨眉傳其道
妙繼授滇南永北道即請終養未准旋授河南金省河道副使乃使道歸省丹成尸解號圓通道人校正
玄要篇及著三丰本傳顯跡等章傳世康熙甲寅年十月十八日申時誕生至今嘉州凌雲丹霞峯之清
暉閣即先生公餘之暇習神煉丹處也中有靈山堂扁戡劍南父老數百人姓名為先生壽咸稱圓通祖
師仁慈清淨修己治人云
白白先生者不言其姓氏所居在青城大峩嘉州山水之間鼓琴讀書酷好老莊道光初遇張三丰先生
於綏山傳以文譜玄牝金鼎大符之妙既更遇純陽祖師傳關藥物採取之微以是凄意精修日與二三
隱士坐論烟霞品評水石名心之冷殆如冰焉所著有河洛易象圖解道德經正義圖喻內篇發明內外
丹法層次為前古仙經所未有無事則混俗和光默抱玄微而已
列仙派演
余十舍考沈萬山弟子也少好施與萬山以幼女妻之傳以丹砂點化豐饒與婦翁相頡頏其女余惠媚
為西平侯沐春繼室亦善黃白之術蓋家傳也事見本集中余氏父女傳
陸德原者吳人也家故清微慕神仙之學沈三山先生見之知為道器遂傳以玄微妙旨並為黃白給之
其家遂足與顧阿瑛李鳴鳳相往來詩壇酒社東南士大夫稱其富而好禮洪武初嘗助軍糧二萬斛既
聞太祖有不及江南富足翁之句因慨然曰禍端至矣及時攜琴披衲改裝黃冠而遯阿英聞之亦剃髮
為僧鳴鳳舉家圍攜妻子泛舟江湖其後江南大族藉沒者無算人始信其見幾云
明陽先生者劉其姓光燭其名仁慈恭敬富而好禮以善為富為不求福報達者高之嘗從白白子游得
清淨守中之旨遂結庵於大江之滸雲水盤桓不跡城市從數載忽降一詩云人去空山鶴影單回觀
塵海太漫漫仙家不昧虛靈體一路清風到石壇自是與朋從友咸謂其不滅也所著有金丹詩若干篇
而存於其弟趣園處

拳技派
王漁洋先生云拳勇之技少林為外家武當張三丰為內家三丰之後有關中人王宗宗傳溫州陳州同
州同明嘉靖間人故今兩家之傳盛於浙東順治中王來咸字征南其最著者靳人也雨窗無事讀聊齋
李超始末因識於後又云征南之徒又有僧耳僧尾者皆僧也
雜說
正訛
三峯採戰之說多為丹經所鄙然非祖師之玄要編也嘗閱神仙鑑劉宋時有張山峯者號撲陽子未入
道時曾授人以房中御女方天帝惡之終於草島游仙何一陽仙姑游華山曾見其金丹秘訣悉備於身
因無天路難昇玉闕深慨惜焉據此則知山峯二字聲音相近之訛也且祖師所作金丹論亦云行御女
之術者是猶披麻救火飛蛾撲燈細按此言自不妄識矣
又三峯者乃旁門之名不但劉宋時張三峯也陰道中有三峯採戰俗人不知遂以玄要篇等諸旁門是
以耳聞為目見未讀丹經者也三峯之術有宋張紫陽陳泥丸諸老仙翁皆已斥之祖師乃元人不待辯
也單言此術由來久同與所謂陰道廠九一者是也九一之謬即御女之術分上中下三峯採人精氣託
號泥水金丹伯陽以前已有此術矣故玄要篇云有為者非採戰提吸之術九一動搖之法即祖師亦闢
三峯之謬復何言哉
又嘗閱神仙鑑彭祖稱太清景明三峯真君而御女之術實起於彭祖採補房中獨喪厚聚後為殺王掏
鬻欲殺之蓋天律誅之也中道脫逃乃入華山歸正云
三丰祖師誕期據夢九所作本傳則係元定宗二年四月初九日也乃各處所傳又有作三月初八十月
初十日者何故大抵仙佛降世舉凡得道成真飛身朝駕其吉期不一而足有如普陀大士孚佑帝君每
歲齋辰幾於逐月皆有然祝大士者畢竟以二月十九為正慶孚佑者終當以四月十四為真誕於祖師

圖二五

非祖師之《玄要篇》也。嘗閱《神仙鑒》，劉宋時有張山峯者，號樸陽子。未入道時，曾授人以房中御女方，天帝惡之，終於草島遊仙。何一陽仙姑遊華山，曾見其金丹秘訣，悉備於身，因無天詔，難升玉闕，深溉惜焉；據此則知「山峯」二字，聲音相近之訛也。且祖師所作《金丹論》亦云：「行御女之術者，是猶披麻救火、飛蛾撲燈。」細按此言，自不妄譏矣。

又三峯者，乃旁門之名，不但劉宋時張三峯也。陰道中有三峯採戰，俗人不知，遂以《玄要篇》等諸旁門，是以耳聞為目見，未讀丹經者也。三峯之術，有宋張紫陽、陳泥丸諸老仙翁皆已斥之，祖師乃元人，不待辨也。單言此術由來，《參同契》所謂「陰道厭九一」者是也。九一之謬即御女之方，分上中下三峯，採人精氣，托號泥水金丹，伯陽以前已有此術矣。故《玄要篇》云：「有為者，非採戰提吸之術，九一動搖之法。」即祖師亦闢三峯之謬，復何言哉！

又嘗閱《神仙鑒》，彭祖稱太清景明三真君，而御女之術實起於彭祖，採補房中，禍喪屢娶。後為殷王拘繫，欲殺之，蓋天律譴之也。中途脫逃，乃入華山歸正云。

《大岳太和山志》之張三豐（圖二六）

張全弌，字玄玄，號三仹。相傳留侯之裔，不知何許人。丰姿魁偉，龜形鶴骨，大耳圓目，鬚髯如戟，頂上作一髻，手中執一方尺，身披一衲，自無寒暑。或處窮山，或遊鬧市，嬉嬉自如，傍若無人。有請益者，終日不答一語，及至議論三教經書，則絡繹不絕。但凡吐詞發語，專以道德、仁義、忠孝為本，並無虛誕禍福欺於人。所以心與神通，神與道一。事事皆有先見之理。或三五日一食，或兩三月一食。興來穿山走石，倦時鋪雲臥雪，行無常行，住無常住。人皆異之，成以為神仙中人也。

洪武初來入武當，拜玄帝於天柱峰。遍歷諸山，搜奇覽勝。常與耆舊語云：「吾山異日與今日大有不同矣。我且將五龍、南岩、紫霄去荊榛，拾瓦礫，但粗創焉。」命丘玄清住五龍，盧秋雲住南岩，劉古泉、楊善澄住紫霄。又尋展旗峰北陲，薊地結草廬，奉高真香火，曰「遇真宮」。黃土城薊地立草庵，曰「會仙館」。語及弟子周真德：「爾可善守香火，成立自有時來，非在子也。至囑至囑。」

洪武二十三年，拂袖長往，不知所止。二十四年，太祖皇帝，遣三山高道，使於四方，清理道教，有張玄玄可請來。永樂初，太宗文皇帝，慕其至道。至香書，累遣使臣請之，不獲。後十年，敕大臣，創建宮觀一

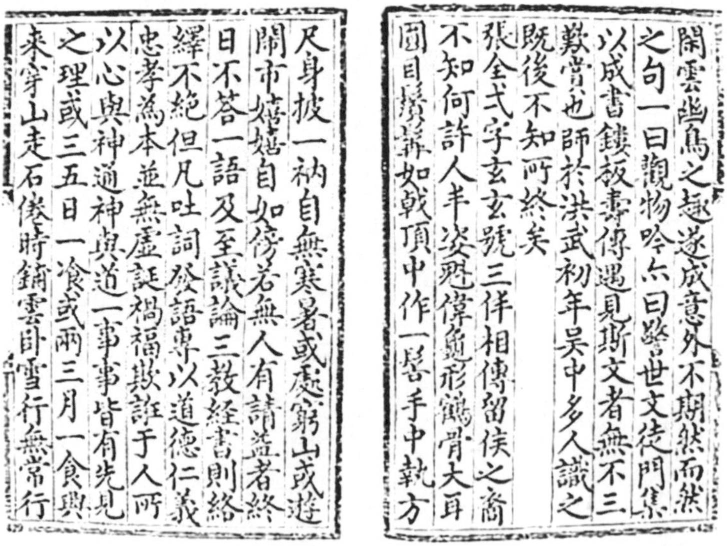
閑雲幽鳥之趣遂成意外不期然而然之句一曰覩物吟六曰警世文徒門集以成書鋟板壽傳遇見斯文者無不三歎賞也師於洪武初年吳中多人識之既後不知所終矣

張全弌字玄玄號三伴相傳留侯之裔不知何許人丰姿魁偉龜形鶴骨大耳圓目鬚髯如戟頂中作一髻手中執方尺身披一衲自無寒暑或處窮山或遊鬧市嬉嬉自如傍若無人有請益者終日不答一語及至議論三教經書則絡繹不絕但凡吐詞發語專以道德仁義忠孝為本並無虛誕禍福欺誑于人所以心與神通神與道一事事皆有先見之理或三五日一飡或兩三月一食興來穿山走石倦時鋪雲卧雪行無常行

圖二六

新，玄風大振。自高真升仙之後，未有盛於今日者。師之所言，信不虛矣。惟張洞淵得其奧旨。於是玄風大闡，宗教自此振矣。宣授「玄瑩凝妙法師」，管領宮事。終於自然庵，修煉大丹而去。

《大岳太和山紀略》載成祖賜張三豐書（圖二七）

皇帝敬奉書，真仙張三豐先生足下：朕久仰真仙，渴思親承儀範，常遣使致香奉書，遍詣名山虔請。真仙道德崇高，超乎萬有，體合自然，神妙莫測。朕才質疏庸，德行菲薄，而至誠願見之心，夙夜不忘。敬再遣使，謹致香奉書虔請。拱候雲車風駕惠然賁臨，以副朕拳拳仰慕之懷，敬奉書。

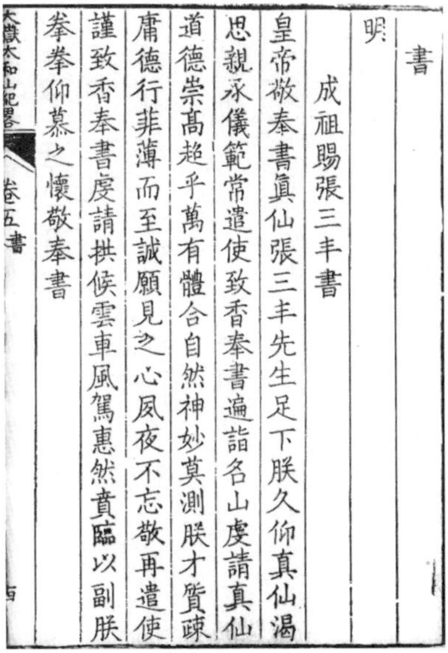
書

明

成祖賜張三丰書

皇帝敬奉書眞仙張三丰先生足下朕久仰眞仙渴思親承儀範常遣使致香奉書遍詣名山虔請眞仙道德崇高超乎萬有體合自然神妙莫測朕才質疎庸德行菲薄而至誠願見之心夙夜不忘敬再遣使謹致香奉書虔請拱候雲車風駕惠然賁臨以副朕拳拳仰慕之懷敬奉書

大嶽太和山紀畧　卷五　書

圖二七

《大岳太和山紀略》之張三豐、麩子李（圖二八~圖三十）

張三豐號元元子，又號張邋遢，遼東懿州人，張仲安第五子也。寓居鳳翔寶雞縣之金台觀修煉，忽留頌而逝，士民楊軌山殮之，臨窆復生，以一小鼓留其家，後亦亡去。入蜀轉楚，登武當山。洪武二十四年詔求之不得。永樂中遣禮科都給事中胡濙，遍詣天下名山，訪之不遇。

又，舊志載：張全一，號三豐，丰姿魁偉，鬚髯如戟，頂中作一髻，一笠一衲，自無寒暑。又號為張邋遢。或處窮山，或遊鬧市，嬉嬉自如。及至論三教經書，絡繹不絕。凡吐詞發語，專以道德忠孝為本。事皆先見。或三五日一餐，或兩三月一食。穿山走石，行住無常。洪武初，遍歷名山，搜奇覽勝，至武當結庵，庵前古樹五株，棲其下。猛獸不距，鷙鳥不搏，人益異之。嘗與耆舊云：吾山異日與今大有不同。命丘玄清住五龍，盧秋雲住南岩，劉古泉、楊善澄住紫霄，又結庵展旗峰北，曰遇真宮，黃土城內曰會仙館。語弟子周真德

影還句曲復入杭開元一日對王眉叟真人作
頌辭謝端坐而逝數日後有蔣姓者見古松如
生拜辭而去
鄧青陽生於元季來武當從高士學黃老莊列周
易龍虎大丹諸書精思熟鍊深得其奧遊武林
有忘情消白日高卧看青山之句所著觀物吟
又曰警世文洪武初吳中人多有識之者後不
知所終
明
張三丰號元元子又號張邋遢遼東懿州人張仲
安第五子也寓居鳳翔寶雞縣之金臺觀修煉
忽留頌而逝士人楊軌山殮之臨窆復生以一
小鼓留其家後亦亡去入蜀轉楚登武當山洪
武二十四年詔求之不得永樂中遣禮科都給
事中胡濙遍訪天下名山訪之不遇又舊志載
張全一號三丰風姿魁偉鬚髯如戟頂中作一
髻一笠一衲自無寒暑又號為張邋遢或處窮
山或遊鬧市嬉嬉自如及至論三教經書絡繹

大嶽太和山紀畧　卷四　僊真　十一

圖二八

不絕凡吐詞發語專以道德忠孝為本事皆先
見或三五日一餐或兩三月一食穿山走石行
住無常洪武初遍歷名山搜奇攬勝至武當結
庵庵前古木五株栖其下猛獸不距鷙鳥不搏
人益異之嘗與耆舊語云吾山異日與今大有
不同命邱元清住五龍盧秋雲住南岩劉古泉
楊善澄住紫霄又結庵展旗峰北曰遇眞宮黃
土城內曰會仙館語弟子周眞德曰爾可善守
香火成立自有時來非吝子也洪武二十三年
拂袖長往不知所之永樂十年遣使致香書屢
訪不獲正統元年勅封通微顯化眞人
李素希字幽巖號明始洛陽人元末棄家遊武當
洪武初住持五龍宮後退隱於自然庵永樂三
年榔梅結實遣道士易本中上貢賜以表裏鈔
錠四年榔梅仍實復遣上進賜賚如前是年詔
朝謝恩賜坐便殿諮以理國治身之道帷以道
德奏對上悅禮待甚厚賜還本山永樂十年勅
遣大臣創建宮觀三十餘處訪古跡舊規皆一

大嶽太和山紀畧　卷四　僊真　十二

圖二九

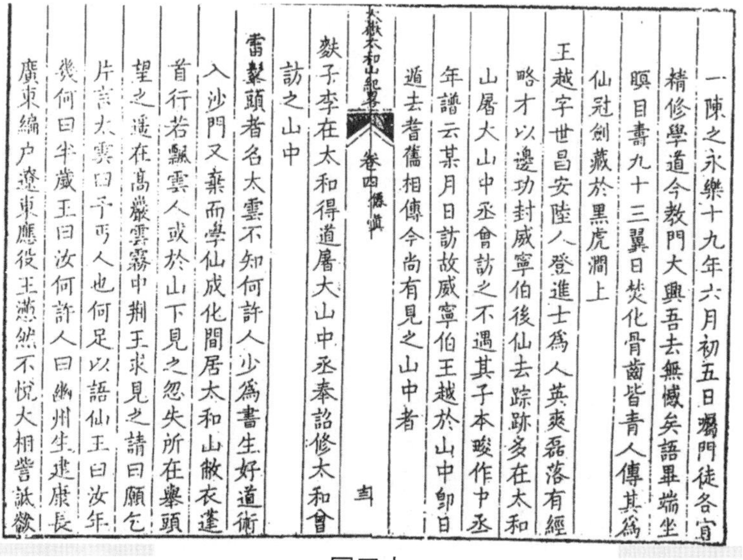
一陳之永樂十九年六月初五日囑門徒各宜精修學道今教門大興吾去無憾矣語畢端坐瞑目壽九十三翼日焚化骨齒皆青人傳其爲仙冠劍藏於黑虎澗上

王越字世昌安陸人登進士爲人英爽磊落有經畧才以邊功封威寧伯後仙去踪跡多在太和山屠大山中丞會訪之不遇其子本畯作中丞年譜云某月日訪故威寧伯王越於山中卽日遁去耆舊相傳今尚有見之山中者

麩子李在太和得道屠大山中丞奉詔修太和曾訪之山中

雷鬆頭者名太雲不知何許人少爲書生好道術入沙門又棄而學仙成化間居太和山敝衣蓬首行若飄雲人或於山下見之忽失所在舉頭望之遥在高巖雲霧中荆王求見之請曰願乞片言太雲曰予丐人也何足以語仙王曰汝年幾何曰半歲王曰汝何許人曰幽州生建康長廣東編户遼東應役王憮然不悦大相訾詆欲

太嶽太和山紀畧 卷四 仙真

圖三十

曰：爾可善守香火，成立自有時，來非在子也。洪武二十三年，拂袖長往，不知所之。永樂十年，遣使致香書，屢訪不獲。正統元年敕封通微顯化真人。

麩子李，在太和得道，屠大山①中丞，奉旨修太和山，曾訪之山中。

【注釋】

①屠大山（一五〇〇—一五七九年）：字國望，號竹墟，鄞人（今浙江寧波）。明吏部尚書屠滽胞弟屠渭的長孫，是刑部尚書屠僑之侄。嘉靖年間登進士第，知四川合州時，自己出錢，招工興修水利大壩，後人稱之為「屠公堤」。累遷川湖總督。後改任南京兵部侍郎，

應天巡撫、兼提督軍務。因抗倭失利而遭罷黜，褫革為民。與范欽、張時徹多有唱和，時稱「東海三司馬」。范欽《天一閣集》（明萬曆刻本）卷九「竹墟挽詞八首」，即為屠大山所作挽詞，「不作仙姑客，還從麩子遊」，即指其遷任川湖總督時，奉旨修太和山，訪麩子李事。

《陳書》程靈洗傳（圖三一～圖三三）

程靈洗，字玄滌，新安海寧人也。少以勇力聞，步行日二百餘里，便騎善遊。梁末，海寧、黟、歙等縣及鄱陽、宣城郡界多盜賊，近縣苦之。靈洗素為鄉里所畏伏，前後守長恒使召募少年，逐捕劫盜。

侯景之亂，靈洗聚徒據黟、歙以拒景。景軍據有新安，新安太守湘西鄉侯蕭隱奔依靈洗，靈洗奉以主盟。梁元帝於荊州承制，又遣使間道奉表。劉神茂自東陽建義拒賊，靈洗攻下新安，與神茂相應。元帝授持節、通直散騎常侍、都督新安郡諸軍事、雲麾將軍、譙州刺史，資領新安太守，封巴丘縣侯，邑五百戶。神茂為景所破，景偏帥呂子榮進攻新安，靈洗退保黟、歙。及景敗，子

五年世祖又詔曰漢室功臣形寫宮觀魏朝猛將名配宗祧功烈所以長存世代因之不朽故侍中護軍將軍青冀二州刺史沈陽縣開國侯鐵虎誠節鯁亮力用雄敢王業初基行間累及垂翅賊壘正色寇庭古之遺烈有識同壯隕身不屈雖隆榮等營魂易遠言追嘉惜宜仰陪壖寢恭頒饗奠可配食高祖廟庭子瑜嗣時有盱眙馬明字世朗梁世事鄱陽嗣王蕭範侯景之亂據盧江之東界拒賊臨城柵元帝授散騎常侍平北將軍北

兗州刺史領廬江太守荊州陷沒歸于高祖紹泰中復官位封西華縣侯邑二千戶亦隨文育西征王琳於沌口軍敗明力戰死之贈使持節征西將軍郢州刺史

程靈洗字玄滌新安海寧人也少以勇力聞步行日二百餘里便騎善游梁末海寧黟歙等縣及鄱陽宣城郡界多盜賊近縣苦之靈洗素為鄉里所畏伏前後守長恒使召募少年逐捕劫盜侯景之亂靈洗聚徒據黟歙以拒景景軍據有新安新安太守湘西鄉侯蕭隱奔依

靈洗靈洗奉以主盟梁元帝於荊州承制又遣使間道奉表劉神茂自東陽建義拒賊靈洗攻下新安與神茂相應元帝授持節通直散騎常侍都督新安郡諸軍事雲麾將軍譙州刺史資領新安太守封巴丘縣侯邑五百戶神茂為景所破景偏帥呂子榮進攻新安靈洗退保黟歙及景敗子榮退走靈洗復據新安進軍建德擒賊帥趙桑乾以功授持節散騎常侍都督青冀二州諸軍事青州刺史增邑并前一千戶將軍太守如故仍令

靈洗率所部下揚州助王僧辯鎮防遷吳興太守未行僧辯命靈洗從侯瑱西援荊州荊州陷還都高祖誅僧辯靈洗率所領來援其徒力戰於石頭西門軍不利遣使招諭久之乃降高祖深義之紹泰元年授使持節信武將軍蘭陵太守常侍如故助防京口及平徐嗣徽靈洗有功除南丹陽太守封遂安縣侯增邑并前一千五百戶仍鎮采石隨周文育西討王琳於沌口敗績為琳所拘明年與侯安都等逃歸兼丹陽尹出為高唐太原

圖三一

二郡太守仍鎮南陵遷太子左衛率高祖崩王琳前軍
東下靈洗於南陵破之虜其兵士并獲青龍十餘乘以
功授持節都督南豫州緣江諸軍事信武將軍南豫州
刺史侯瑱等敗王琳于栅口靈洗乘勝逐北據有魯山
徵為衛士將軍餘如故天嘉四年周迪重寇臨川以靈
洗為都督自鄱陽別道擊之迪又走山谷間五年遷中
護軍常侍如故出為使持節都督郢巴武三州諸軍事
宣毅將軍郢州刺史廢帝即位進號雲麾將軍華皎之

欽定四庫全書　陳書 卷十　五

反也遣使招誘靈洗靈洗斬皎使以狀聞朝廷深嘉其
忠增其守備給鼓吹一部因推心待之使其子文季領
水軍助防是時周遣其將長胡公拓跋定率步騎二萬
助皎攻圍靈洗靈洗嬰城固守及皎退乃出軍躡定定
不獲濟江以其衆降因進攻周沔州克之擒其刺史裴
寬以功進號安西將軍改封重安縣公增邑并前二千
戸靈洗性嚴急御下甚苛刻士卒有小罪必以軍法誅
之造次之間便加捶撻而號令分明與士卒同甘苦衆

亦以此依附性好播植躬勤耕稼至於水陸所宜刈穫
早晚雖老農不能及也伎妾無游手並督之紡績至於
散用貲財亦弗儉吝光大二年卒於州時年五十五贈
鎮西將軍開府儀同三司謚曰忠壯太建四年詔配享
高祖廟庭子文季嗣
文季字少卿幼習騎射多幹略果決有父風弱冠從靈
洗征討必前登陷陣靈洗與周文育侯安都等敗於沌
口為王琳所執高祖召陷賊諸將子弟厚遇之文季最

欽定四庫全書　陳書 卷十　六

有禮容深為高祖所賞永定中累遷通直散騎侍郎句
容令世祖嗣位除宣惠始興王府限内中直兵參軍是
時王為揚州刺史鎮冶城府中軍事悉以委之天嘉二
年除貞毅將軍新安太守仍隨侯安都東討留異異黨
向文政據有新安文季率精甲三百輕往攻之文政遣
其兄子瓚來拒文季與戰大破瓚軍文政乃降三年始
興王伯茂出鎮東州復以文季為鎮東府中兵參軍帶
剡令四年陳寶應與留異連結又遣兵隨周迪更出臨

圖三二

川世祖遣信義太守余孝頃自海道襲晉安文季為之前軍所向克捷陳寶應平文季戰功居多還轉府諮議參軍領中直兵出為臨海太守尋乘金翅助父鎮郢城華晈平靈洗及文季竝有扞禦之功及靈洗卒文季盡領其衆起為超武將軍仍助防郢州文季性至孝雖軍旅奪禮而毀瘠甚至太建二年為豫章內史將軍如故服闋襲封重安縣公隨都督章昭達率軍往荊州征蕭巋巋與周軍多造舟艦置于青泥水中時水長漂疾昭

達乃遣文季共錢道戢輕舟襲之盡焚其舟艦昭達因蕭巋等兵稍怠又遣文季夜入其外城殺傷甚衆既而周兵大出巴陵內史雷道勤拒戰死之文季僅以身免以功加通直散騎常侍安遠將軍增邑五百戶五年都督吳明徹北討秦郡秦郡前江浦通塗水齊人竝下大柱為杙柵水中乃前遣文季領驍勇拔開其柵明徹率大軍自後而至攻秦郡克之又別遣文季圍涇州屠其城進攻盱眙拔之仍隨明徹圍壽陽文季臨事謹急御

下嚴整前後所克城壘率皆迮水為堰土木之功動踰數萬每置陣役人文季必先諸將夜則早起迄暮不休軍中莫不服其勤幹每戰恒為前鋒齊軍深憚之謂為程虎以功除散騎常侍明威將軍增邑五百戶又帶新安內史進號武毅將軍八年為持節都督譙州諸軍事安遠將軍譙州刺史其年又督北徐仁州諸軍事北徐州刺史餘竝如故九年又隨明徹北討於呂梁作堰事見明徹傳十年春敗績為周所囚仍授開府儀同三司

十一年自周逃歸至渦陽為邊吏所執還送長安死于獄中後主是時既與周絕不之知也至德元年後主始知之追贈散騎常侍尋又詔曰故散騎常侍前重安縣開國公文季纂承門緒克荷家聲早歲出軍雖非元帥啓行為最致果有聞而覆喪車徒允從黜削但靈洗之立功捍禦久而見思文季之埋魂異域有足可憫言念勞舊傷茲廢絕宜存廟食無使餒而可降封重安縣侯邑一千戶以子饗襲封

圖三三

榮退走，靈洗復據新安。進軍建德，擒賊帥趙桑乾。以功授持節、散騎常侍、都督青、冀二州諸軍事、青州刺史，增邑並前一千戶，將軍、太守如故。

仍令靈洗率所部下揚州，助王僧辯鎮防。遷吳興太守，未行，僧辯命靈洗從侯瑱西援荊州。荊州陷，還都。高祖誅僧辯，靈洗率所領來援，其徒力戰於石頭西門，軍不利，遣使招諭，久之乃降，高祖深義之。紹泰元年，授使持節、信武將軍、蘭陵太守、常侍如故，助防京口。及平徐嗣徽，靈洗有功，除南丹陽太守，封遂安縣侯，增邑並前一千五百戶，仍鎮采石。

隨周文育西討王琳，於沌口敗績，為琳所拘。明年，與侯安都等逃歸。兼丹陽尹，出為高唐、太原二郡太守，仍鎮南陵。遷太子左衛率。高祖崩，王琳前軍東下，靈洗於南陵破之，虜其兵士，並獲青龍十餘乘。以功授持節、都督南豫州緣江諸軍事、信武將軍、南豫州刺史。侯瑱等敗王琳於柵口，靈洗乘勝逐北，據有魯山。征為衛士將軍，餘如故。

天嘉四年，周迪重寇臨川，以靈洗為都督，自鄱陽別道擊之，迪又走山谷間。五年，遷中護軍，常侍如故。出為使持節、都督郢、巴、武三州諸軍事、宣毅將軍、郢州刺史。廢帝即位，進號雲麾將軍。

華皎之反也，遣使招誘靈洗，靈洗斬皎使，以狀聞。朝廷深嘉其忠，增其守備，給鼓吹一部，因推心待之，使其子文季領水軍助防。是時周遣其將長胡公拓跋定率步騎二萬助皎攻圍靈洗，靈洗嬰城固守。及皎退，乃出軍躡定，定不獲濟江，以其眾降。因進攻周沔州，克之，擒其刺史裴寬。以功進號安西將軍，改封重安縣公，增邑並前二千戶。

靈洗性嚴急，御下甚苛刻，士卒有小罪，必以軍法誅之，造次之間，便加捶撻，而號令分明，與士卒同甘苦，眾亦以此依附。性好播植，躬勤耕稼，至於水陸所宜，刈獲早晚，雖老農不能及也。伎妾無遊手，並督之紡績。至於散用貲財，亦弗儉吝。光大二年，卒於州，時年五十五。贈鎮西將軍、開府儀同三司，謚曰忠壯。太建四年，詔配享高祖廟庭。子文季嗣。（後略）

《輿地紀勝》之仲殊（圖三四）

《鄖城志》云：僧仲殊初至吳，姑蘇台柱倒書一絕云：「天長地久大悠悠，爾既無心我亦休。浪跡姑蘇人不管，春風吹笛酒家樓。」東坡見之，疑神仙所作。是後與坡為莫逆交。

屬高才 胡宿 浪跡姑蘇人不管春風吹笛酒家樓 鄖城志云僧仲殊初至吳姑蘇臺柱倒書一絕云天長地久大悠悠爾既無心我亦休東坡見之疑神仙所作是後與坡爲莫逆交 昨夜虎邱山上望一輪明月照蘇州 虎邱山僧上太守 男兒憂道不憂貧匣有焦桐篋有文却訪姑蘇臺下隱滿船明月一溪雲 江陰志 裴若訥 十月都門風薄衣夜砧聲裏鴈南飛野人不羨長安祿且趁鱸魚一飽歸 見姚氏殘帖

吳江太湖笠澤虹橋詩

秋風起兮佳景時吳江水兮鱸正肥三千里兮家未

輿地紀勝　卷五　兩浙西路

圖三四

《老學庵筆記》之仲殊（圖三五）

族伯父彥遠言：少時識仲殊長老，東坡為作《安州老人食蜜歌》者。一日，與數客過之，所食皆蜜也。豆腐、麵筋、牛乳之類，皆漬蜜食之。客多不能下箸，惟東坡性亦酷嗜蜜，能與之共飽。

崇寧中，忽上堂辭眾。是夕，閉方丈門，自縊死。及火化，舍利五色不可

三衙兵為之紹興末內禪駕過新宮猶設黃道如平
時明日壽皇出即撤去遂不復用
族伯父彥遠言少時識仲殊長老東坡為作安州老人
食蜜歌者一日與數客過之所食皆蜜也豆腐麪觔
牛乳之類皆漬蜜食之客多不能下箸惟東坡性亦
酷嗜蜜能與之共飽崇寧中忽上堂辭衆是夕閉方
丈門自縊死及火化舍利五色不可勝計鄒忠公為
作詩云逆行天莫測雜作濆中經漚滅風前質蓮開

火後形鉢盂殘蜜白爐篆冷烟青空有誰家曲人間
得細聽彥遠又云殊少為士人遊蕩不羈為妻投毒
羹胾中幾死啖蜜而解醫言復食肉則毒發不可復
療遂棄家為浮屠鄒公所謂誰家曲者謂其雅工於
樂府詞猶有不羈餘習也
晏元獻為藩郡率十許日乃一出廳僚吏旅揖而已有
欲論事率因覲狀轉白狀復傳可否以出遂退呂正
獻作相及平章軍國事時於便坐接客初惟一揖即

端坐自若雖從官亦以次起白及退復起一揖未嘗
離席蓋祖宗時輔相之尊嚴如此時亦不以為非也
東坡詩云大弨一弛何緣彀已覺翻翻不受檠考工記
弓人寒奠體注曰奠讀為定至冬膠堅內之檠中定其
往來體釋文檠音景前漢蘇武傳武能綱紡繳檠弓
弩顏師古曰檠謂輔正弓弩音警又巨京反東坡改
平聲叶蓋用漢書注也
豐相之於舒信道鄒志完於呂望之其為人似不類然

相與皆厚甚不以鄉里及同僚故也相之為中司薦
猶力薦信道志完元符中進用則實由望之薦也
以直諫遠竄望之坐薦非其人褫官謝表云臣之
浩實匪素交以其嘗備學校之選於先朝能陳詩
之非於元祐比緣薦士遂取充員豈期螻蟻之微
速雷霆之譴其敘陳終不以志完為非亦不易矣
宋白集有賜諸道節度觀察防團刺史知州以下賀
極進奉詔書云朕仰承先訓纘嗣丕基眷命歷之

圖三五

勝計。鄒忠公為作詩云：「逆行天莫測，雉作瀆中經。漚滅風前質，蓮開火後形。缽盂殘蜜白，爐篆冷煙青。空有誰家曲，人間得細聽。」

彥遠又云：殊少為士人，遊蕩不羈。為妻投毒羹胾中，幾死，啖蜜而解。醫言復食肉則毒發，不可復療，遂棄家為浮屠。鄒公所謂「誰家曲」者，謂其雅工於樂府詞，猶有不羈余習也。

《中吳記聞》之仲殊（圖三六）

仲殊，字師利，承天寺僧也。初為士人，嘗與鄉薦，其妻以藥毒之，遂棄家為僧。工於長短句，東坡先生與之往來甚厚。時時食蜜解其藥，人號曰「蜜殊」。有《寶月集》行於世。

慧聚寺詩僧孚草堂，以其喜作豔詞，嘗以詩箴之云：「大道久陵遲，正風還陊隳。無人整頹綱，目亂空傷悲。卓有出世士，蔚為人天師。文章通造化，動與王公知。囊括十洲香，名翼四海馳。肆意放山水，灑脫無羈縻。雲輕三事

娛年七十餘卒有玉堂集三十卷初公知荆南嘗夢至仙府與三人連書名旁有告之曰君三人蓋兄弟也覺而思之不知所謂既入翰林為學士韓持國維楊元素繪在院一日因書奏列名三人偏傍皆從糸始悟夢中兄弟之意既而持國元素皆補外公亦尹京兆後三年復與元素還職而鄧文約綰相繼為直院則三人之名又皆從糸益始終皆同以此知升沉進退決非偶然者許大夫選嘗作四翰林詩紀其事公和云聯名適似三

欽定四庫全書　中吳紀聞 卷四　八

珠樹傳玩驚看五朶雲此亦一時之異也

仲殊

仲殊字師利承天寺僧也初為士人嘗與鄉薦其妻以藥毒之遂棄家為僧工於長短句東坡先生與之往来甚厚時時食蜜觧其藥人號曰蜜殊有寶月集行於世慧聚寺詩僧孚草堂以其喜作艶詞嘗以詩箴之云大道久陵遲正風還陊隳無人整頽綱目亂空傷悲卓有出世士蔚為人天師文章通造化動與王公知囊括十

洲香名巽四海馳肆意放山水灑脫無羈縻雲輕三事衲餅錫天下之詩曲相間作百紙頃刻為藻思洪泉瀉翰墨清且奇惜哉大手筆胡為幽柔詞願師持此才奮起革澆漓鶩彼東山崗圖祖進豐碑再續輔教編高步凌丹墀他日僧史上萬世為蓍龜迦葉聞琴舞終被習氣隨伊予淳薄人贈言增忸怩倘能徇我言佛日重光離老孚之言雖苦口殊竟莫之改一日造郡中接坐之間見庭下有一婦人投牒立於雨中守命殊詠之口就

欽定四庫全書　中吳紀聞 卷四　九

一詞云濃潤侵衣暗香飄砌雨中花色添憔悴鳳鞋溼透立多時不言不語厭厭地眉上新愁手中文字因何不倩鱗鴻寄想伊只訴薄情人官中誰管閑公事後殊自經於枇杷樹下輕薄子更之曰枇杷樹下立多時不言不語厭厭地

如村

胡嶧字仲達五柳之子文與行皆能繼其父與方子通為忘年交後以年格推調安遠尉非其志也乃取老

圖三六

衲，瓶錫天下之。詩曲相間作，百紙頃刻為。藻思洪泉瀉，翰墨清且奇。惜哉大手筆，胡為幽柔詞？願師持此才，奮起革澆漓。鶩彼東山嵩，圖祖進豐碑。再續輔教編，高步凌丹墀。它日僧史上，萬世為蓍龜。迦葉聞琴舞，終被習氣隨。伊予浮薄人，贈言增忸怩。倘能循我言，佛日重光離。」

老孚之言雖苦口，殊竟莫之改。一日造郡中，接坐之間，見庭下有一婦人投牒立於雨中。守命殊詠之，口就一詞云：「濃潤侵衣，暗香飄砌，雨中花色添憔悴。鳳鞋濕透立多時，不言不語厭厭地。眉上新愁，手中文字，因何不倩鱗鴻寄？想伊只訴薄情人，官中誰管閑公事？」

後殊自經於枇杷樹下，輕薄子更之曰：「枇杷樹下立多時，不言不語厭厭地。」

四、陳耀庭藏本

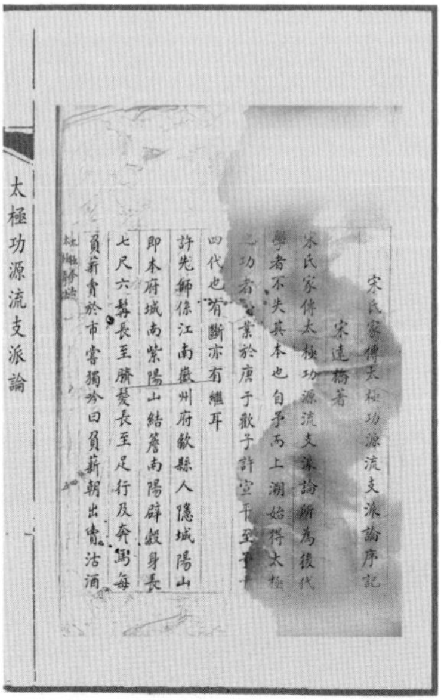

宋氏家傳太極功源流支派論序記
宋遠橋著
宋氏家傳太極功源流支派論所為後代
學者不失其本也自予而上溯始得太極
之功者業於唐于歙子許宣平至予十
四代也有斷亦有繼耳
許先師係江南徽州府歙縣人隱城陽山
即本府城南紫陽山結簷南陽辟穀身長
七尺六髯長至臍髮長至足行及奔馬每
負薪賣於市中獨吟曰負薪朝出賣沽酒
太極拳法 一

日西歸借問家何處穿雲入翠微李白訪
之不遇題詩望仙橋而回
所傳太極之功拳名三十七式因以三十
七式而名之又名長拳者所謂滔滔無間
也總名太極拳三十七式名目書之於後
四正　四隅　彎弓射雁
揮琵琶　進搬攔　簸箕式
鳳凰展翅　雀起尾　單鞭
上提手　倒攆猴頭　摟膝拗步
肘下捶　轉身蹬脚　上步栽捶

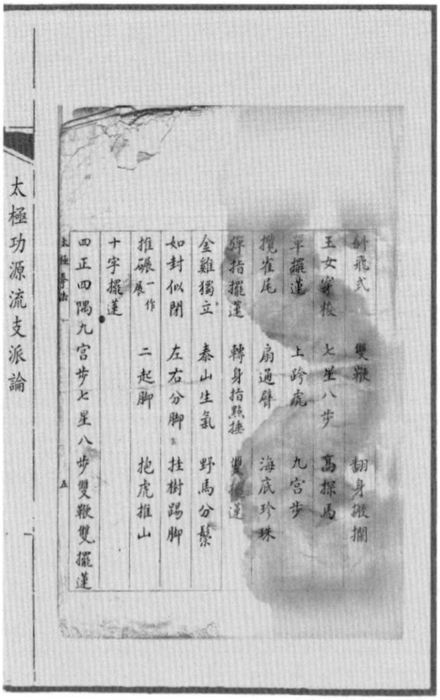

斜飛式　雙鞭　翻身搬攔
玉女穿梭　七星八步　高探馬
單擺蓮　上跨虎　九宮步
攬雀尾　扇通臂　海底珍珠
彈指擺蓮　轉身指點捶　雙擺蓮
金雞獨立　泰山生氣　野馬分鬃
如封似閉　左右分脚　挂樹踢脚
推碾一作展　二起脚　抱虎推山
十字擺蓮
四正四隅九宮步七星八步雙鞭雙擺蓮
太極拳法 五

在外因自己純功而得其餘三十七式是
先師之所傳也
此式應一式鍊成再鍊一式萬不得心急
齊用三十七式却無論何式先何式後只
要一一將式用成自然三十七式皆化為
相繼不斷故謂之曰長拳脚跐五行懷藏
八卦脚之所在為中央之土則可定乾南
坤北離東坎西捧擴擠按四正也採挒肘
靠四隅也
八字歌

太極功源流支派論

捺攤擠按世間稀十個藝人九不知若能
輕靈並堅硬沾連粘隨俱無疑採挒肘靠
更出奇行之不用費心思果能沾連粘隨
字得其環中不支離

三十七心會論

腰脊為第一之主宰
猴頭為第二之主宰
心地為第三之主宰
丹田為第一之賓輔
掌指為第二之賓輔

太極功源流支派論

足指為第三之賓輔

三十七周身大用論

一要心性與意靜自然無處不輕靈二要
遍體氣流行一定繼續不能停三要猴頭
永不抛問盡天下衆英豪如詢大功因何
得表裏精粗無不到

十六關要論

活潑於腰
靈機於頂
神通於背

太極功源流支派論

流行於氣
行之於腿
蹬之於足
運之於掌
通之於指
斂之於髓
達之於神
凝之於耳
息之於鼻
呼吸往來於口

太極功源流支派論

縱之於膝
渾噩一身全體發之於毛

功用歌

輕靈活潑求董勁陰陽既濟無滯病若得
四兩撥千斤開合鼓盪主宰定

俞蓮舟得授全體

俞家太極功名曰先天拳亦曰長拳得唐
李道子所傳道子係江南安慶人至宋時
與游酢莫逆至明時李道子嘗居武當山
南岩宮不火食第啖麥麩數合又改名曰

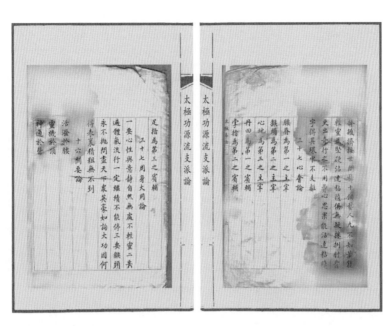

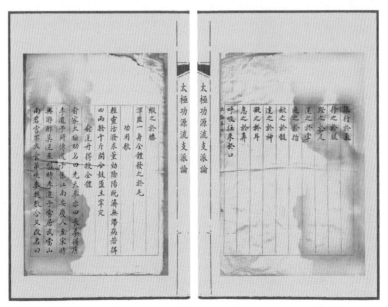

太極功源流支派論

夫子李見人不及他語惟云大造化三字
既云唐人何以知明時之夫子李即李道
子先師餘予上祖游江南涇縣俞家方知
先天拳亦如予之三十七武太極之別名
也而又知俞家是唐時李道子所傳
俞家代代相承之功每歲往拜李道子廬
至宋時尚在越代不知李道子所往至明
時予同俞蓮舟游湖廣襄陽府均州武當
山夫子李見之呌曰徒再孫焉往蓮舟抬
頭一看見斯人垢面厚髮不知何如參天

太極功源流支派論

地味真腴蓮舟怒曰爾言太過吾觀汝一
拳必死爾去罷夫子李云重再孫我看看
你這一手蓮舟進前捧連捶未依身則起
高十丈許落地未折筋骨蓮舟回爾總用
過工夫不然能敵我者鮮矣夫子李云你
與俞清慧俞一誠認識否蓮舟聞之悚然
曰此皆予之先祖也急跪曰原來我祖師
至也夫子李曰吾在此幾十詔光未語今
見你誠哉大造化也授你如此如此蓮舟
自此不但無敵而後亦得全體大用矣予

太極功源流支派論

與俞蓮舟俞岱岩張松溪張翠山殷利亨
莫谷聲久相往來金陵之境夫子李先師
授俞蓮舟秘歌云
無形無象　全體透空　應物自然
西山懸磬　虎吼猿鳴　水清河靜
翻江播海　盡性立命　此一
此歌予七人皆知其句後予七人同往拜
武當山夫子李先師不見道經玉虛宮在
太和山元高之地見玉虛子張三豐此張
松溪張翠山之師也身長七尺有餘鬚髯

太極功源流支派論

如戟寒暑惟一蓑衣日能行千里遠自洪
武初至太和山修鍊予七人共拜之再提
而命月餘後歸自此不絕其往拜
玉虛子所傳惟張松溪張翠山拳名十三
式亦太極功之別名也又名長拳
長拳者如長江大海滔滔不絕十三式者
掤攦擠按採挒肘靠此八卦也進步退步
左顧右盼中定此五行也合而言之曰十
三式掤攦擠按即坎離震兌四正也採挒
肘靠即乾坤艮巽四斜角也進退顧盼定

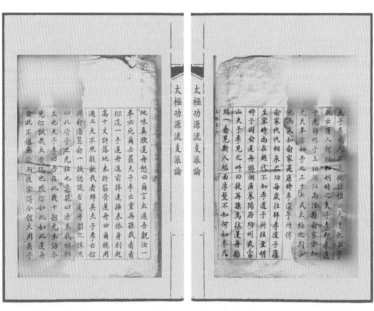

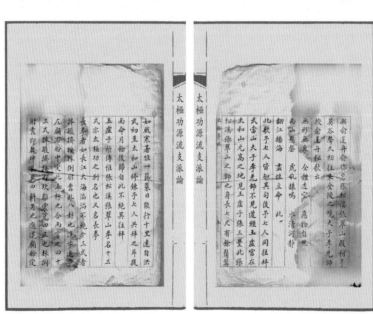

太極功源流支派論

即金木水火土也十三式名目列後
攬雀尾　單鞭　提手上勢
白鶴晾翅　摟膝拗步　手揮琵琶
進步搬攔捶　如封似閉　抱虎歸山
攬雀尾　肘底看錘　倒攆猴
斜飛式　提手上勢　白鶴晾翅
摟膝拗步　海底珍　扇通臂
撇身捶　卸步搬攔捶　上勢攬雀尾
單鞭　雲手　高探馬
左右分脚　轉身蹬脚　進步栽捶

太極拳論　十

太極功源流支派論

翻身撇身捶　二起脚　披身踢脚
轉身蹬脚　上步搬攔捶　如封似閉
抱虎歸山　斜單鞭　野馬分鬃
玉女穿梭　單鞭　雲手
金雞獨立　倒攆猴　斜飛式
提手上勢　白鶴晾翅　摟膝拗步
海底珍　扇通臂　上勢攬雀尾
單鞭　雲手　高探馬
十字擺蓮　摟膝指襠捶　上勢攬雀尾
下勢單鞭　上步七星　退步跨虎

太極功源流支派論

轉脚擺蓮　彎弓射虎　上勢攬雀尾

太極拳論

一舉動周身俱要輕靈猶須貫串氣宜鼓盪神宜內斂無使有缺陷處無使有凸凹處無使有斷續處其根生於脚發於腿主宰於腰形於手指由脚而腿而腰總須完整一氣向前退後乃得機得勢有不得機得勢處身便散亂其病必於腰腿求之上下前後左右皆然凡此皆是意不外面而在內有上即有下有前即有後有左即有

太極拳論　十一

太極功源流支派論

右如意要向上即寓下意若將物掀起而加以挫之之意斯其根自斷乃壞之速而無疑虛實宜分清楚一處自有一處虛實處處總此一虛實用身節節貫串勿令絲毫間斷也

右係五當山張三丰老祖師遺論欲天下豪傑延年益壽不徒作技藝之末也此論句句切要並無一字敷衍陪襯非有夙慧不能悟也先師不肯妄傳非獨擇人亦恐枉費工夫耳

附錄

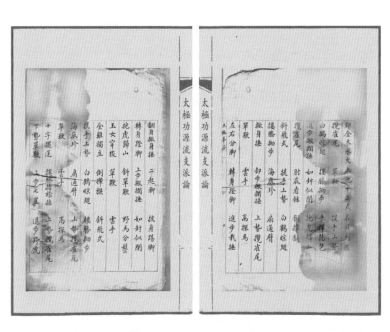

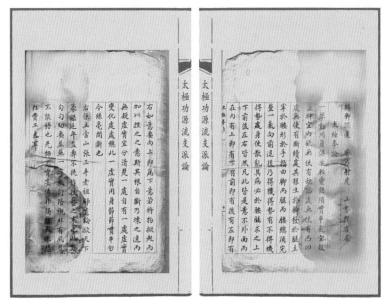

十三式行功歌訣

十三總式莫輕視命意源頭在腰隙變轉虛實須留意氣徧身軀不少滯靜中觸動動猶靜因敵變化示神奇式式存心揆用意得來全不費工時刻刻留心在腰間腹內鬆靜氣騰然尾閭正中神貫頂滿身輕利頂頭懸子細留心向推求屈伸開合聽自由入門引路須口授工夫無息法自休若言體用何為準意氣君兮骨肉臣詳推用意終何在益壽延年不老春歌兮歌兮

百四十字字字真切意無遺

十三式行功心解

以心行氣務令沈著乃能收斂入骨以氣運身務令順遂乃能便利從心精神能提得起則無遲重之虞所謂頂頭懸也意氣須換得靈乃有圓活之趣所謂變轉虛實也發勁須沈著鬆靜專注一方立身須中正安舒支撐八面行氣如九曲珠無微不利氣遍身軀之謂也運勁如百鍊鋼何堅不摧形如搏兎之鶻神如捕鼠之貓靜如

山岳動似江河蓄勁如開弓發勁如放箭曲中求直蓄而後發力由脊發步隨身換收即是放放即是收斷而復連往復須有摺疊進退須有轉換極柔軟然後極堅硬能呼吸然後能靈活氣以直養而無害勁以曲蓄而有餘心為令氣為旗腰為纛先求開展後求緊湊乃可臻於縝密矣

又曰先在心後在身腹鬆靜氣斂入骨神舒體靜刻刻在心切記一動無不動一靜無不靜牽動往來氣貼背斂入脊骨內固

精神外示安逸邁步如貓行運勁如抽絲全身意在精神不在氣在氣則滯有氣者無力無氣者純剛氣似車輪腰如車軸

打手歌

掤攦擠按須認真上下相隨人難進任他巨力來打咱牽動四兩撥千斤引進落空合即出沾連黏隨不丟頂

又曰

被打欲跌須巧擠雀躍進時要合身拔背含胸合太極裏襠護臀踏五行學者悟透

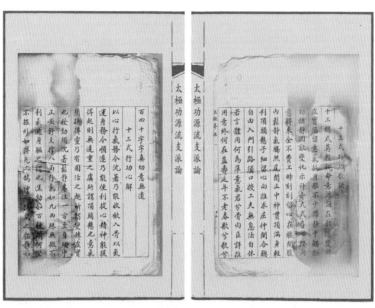

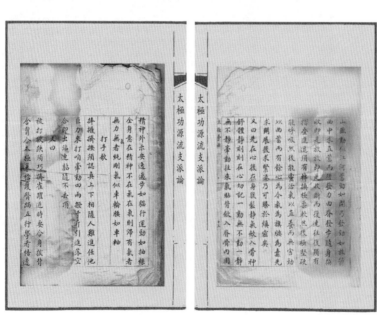

太極功源流支派論

其中意一身好法靈然前
又曰
彼不動己不動彼微動己先動似鬆非鬆
將展未展勁斷意不斷動轉挪移走
程元滌小九天法式
程靈洗字元滌係江南徽州府休寧人受
業於韓拱月太極之功成大用矣侯景之
亂惟歙州保全皆靈洗力也梁元帝時以
本郡太守卒謚忠壯至程珌為紹興中進
士授昌化主簿累官權吏部尚書拜翰林

太極拳法　十四

太極功源流支派論

學士立朝剛正風裁凜然進封新安郡侯
以鵠明殿學士致仕卒珌居家常平糴以
濟人凡有利衆者必盡心焉所著有洛水
集珌將太極功拳立一名曰小九天法雖
以之遺名小九天書韓傳者不敢忘先師
之所授也
七星八步　開天門　休錦背
捉手　卧虎跳澗　單鞭
射雁　穿梭　白鶴升空
大禚捶　小禚捶　葉裡花

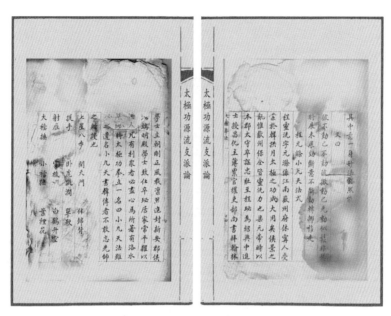

國家圖書館出版品預行編目資料

太極功源流支派論 ／ 宋書銘 著 二水居士 校注
——初版，——臺北市，大展，2017〔民106.10〕
面；21公分 ——（武學古籍新注；2）
ISBN 978-986-346-183-8（平裝）
1.太極拳
528.972　　106014129

太極功源流支派論

著　　者／宋書銘
校 注 者／二水居士
責任編輯／王躍平
發 行 人／蔡森明
出 版 者／大展出版社有限公司
社　　址／台北市北投區（石牌）致遠一路2段12巷1號
電　　話／（02）28236031・28236033・28233123
傳　　眞／（02）28272069
郵政劃撥／01669551
網　　址／www.dah-jaan.com.tw
E-mail／service@dah-jaan.com.tw
登 記 證／局版臺業字第2171號
承 印 者／傳興印刷有限公司
裝　　訂／眾友企業公司
排 版 者／弘益電腦排版有限公司
授 權 者／北京科學技術出版社
初版1刷／2017年（民106）10月

定 價／350元

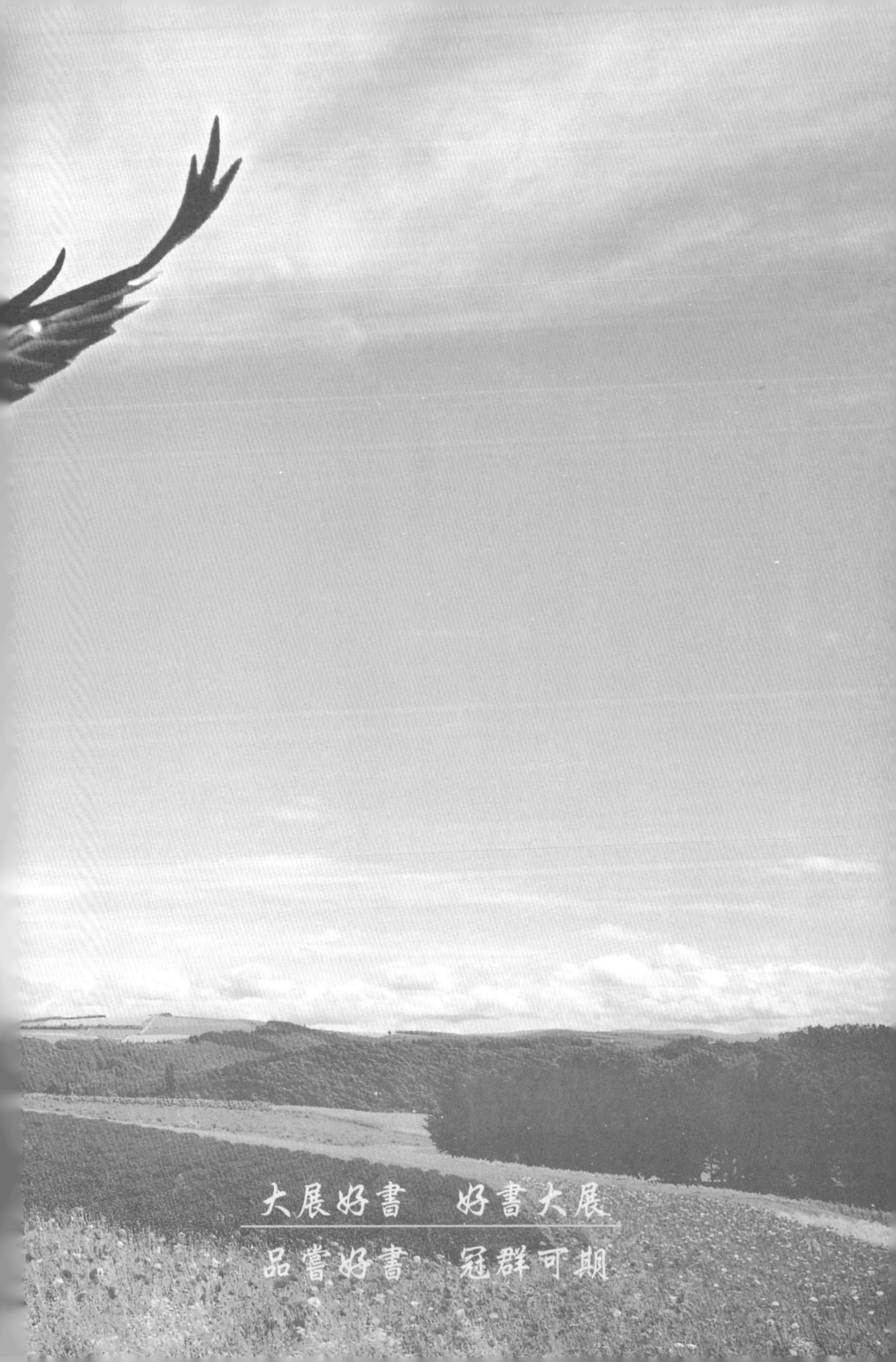
大展好書　好書大展
品嘗好書　冠群可期

大展好書　好書大展
品嘗好書　冠群可期